JN111889

初級文法がしっかり身につく！

オール
カラー

基礎から学べる

はじめての
フランス語文法

白川理恵　著

音声ダウンロード＆
QRコード付き

ナツメ社

はじめに

　『オールカラー　基礎から学べる　はじめてのフランス語文法』は、フランス語をはじめて学ぶ入門者や初級者にはもちろん、初級から中級へ学びを進める方々にも役立つように作られたフランス語学習のためのテキストです。フランス語文法の全体像を整理しながら学習を進めてもらえるよう、プチ文法書ともいえるほど内容を充実させつつも、視覚的にわかりやすくコンパクトにまとめました。

　本書は入門から初級へ、初級から中級へと、着実に橋渡しができるよう構成されています。文法項目の内容を吟味し、1つの文法項目ごとに、メインとなる基本文法、「もう一歩！」で応用文法、そして知識を定着させるための練習問題、この3ステップで学べるよう工夫しています。一気に学習するのが難しいと感じたら、1回めは基本だけ、2回めは応用まで、3回めは練習問題にも取り組んでみる……、このように段階的に勉強することも可能です。

　文法を集中的に学ぶ方々のなかには、力試しをしてみたいという人も少なくないと思います。右ページに「実用フランス語技能検定試験」の受験レベルの目安も記しておきましたので参考にしてください。たとえば、第1章と第2章の前半まで勉強して5級を受けてみる、半年後には第4章まで進んで4級に挑戦する、1年後には第5章までの知識を身につけて3級にも挑んでみる、こうして本書をくり返し学習するうちに実力がつ

いてくることを実感できるでしょう。

　本書を彩る、温かいタッチのイラストと明るい雰囲気が伝わってくるナレーションで、さらに学習意欲もわき、勉強の成果が高められることと思います。チーム一丸となって作ったこの本が、あらゆる世代の方々に長く愛用していただける一冊となることを願っています。編集作業を一手に引き受けてくださったナツメ出版企画の神山紗帆里さん、オフィスミィの橋詰恵美さんと森貴美さん、フランス語の校閲をしてくださったセルジュ・ジュンタさん、本書の作成に関わっていただいたすべての方々に感謝いたします。

白川理恵

	章タイトル	内容	実用フランス語技能検定試験（仏検）＊の目安
第1章 Chapitre 1	フランス語の基本	フランス語の基本となる文の構造を学びます。	仏検5級を目指す人
第2章 Chapitre 2	品詞の基本	フランス語を学ぶうえで重要となる品詞について学びます。	仏検4級を目指す人
第3章 Chapitre 3	動詞の時制と用法	過去や未来などの時制について学びます。	仏検4級を目指す人
第4章 Chapitre 4	フランス語の構文と用法	フランス語に特有の構文に慣れていきます。	仏検4級を目指す人
第5章 Chapitre 5	初級文法の補足	条件法と接続法について学びます。	仏検3級を目指す人

＊「実用フランス語技能検定試験（仏検）」の詳細はホームページを参照（https://apefdapf.org）。5級から3級はいずれも筆記試験（聞き取りの試験を含む）のみです。

本書の特長と使い方

本書は、初級のフランス語文法を無理なく
学べるように構成してあります。

QRコードから、スマートフォンな
どで音声を聞くことができます。
QRコードの下には、トラック番
号を表示しています。

各Leçonで学ぶ文法です。文の成り立ち
や、用法をわかりやすく解説しています。

イラストを見
ながら、文法
を楽しく覚え
てください。

学んだ文法を使って、表現で
きる例文を多数紹介。
日常でよく使われる表現を取り
上げています。

 練習問題

各課の必要な箇所に練習問
題を掲載しています。習っ
た内容をふり返りながら学
習を進めてください。

※発音のルビはあくまで参考です。音声を聞いて正しい発音を身につけましょう。

※2016年より順次、初等教育等で新正書法を採用していますが、本書の記載はすべて旧正書法となっています。

Préface	文字と発音を学ぼう	Chapitre 3	動詞の時制と用法
Chapitre 1	フランス語の基本	Chapitre 4	フランス語の構文と用法
Chapitre 2	品詞の基本	Chapitre 5	初級文法の補足

各Leçonで学ぶ文法に関係する単語を紹介。

基本的な文法を、一歩発展させた補足の解説です。

巻末付録　覚えておきたい動詞の活用表を掲載しています。

音声のダウンロードについて

各ページのQRコードから音声ファイルを聞くほか、ナツメ社ウェブサイト書籍紹介ページのダウンロードボタンからzipファイルのダウンロードも可能です。

https://www.natsume.co.jp/books/18309

音声ファイルは、mp3ファイルです。パソコンやmp3対応の音楽プレーヤーにて再生してください。

🥖 もくじ

はじめに ……………………………………………………………………… 2

本書の特長と使い方 ……………………………………………………… 4

あいさつの表現 …………………………………………………………… 9

Préface　文字と発音を学ぼう

Leçon 1　アルファベ ……………………………………………………… 12

Leçon 2　母音 ……………………………………………………………… 18

Leçon 3　母音(1) 単母音 ………………………………………………… 20

Leçon 4　母音(2) 複母音 ………………………………………………… 22

Leçon 5　母音(3) 鼻母音 ………………………………………………… 25

Leçon 6　半母音 …………………………………………………………… 26

Leçon 7　子音 ……………………………………………………………… 28

colonne　数詞(1)1〜99までの数え方 …………………………………… 34

Chapitre 1　フランス語の基本

Leçon 1　文の要素と文型 ………………………………………………… 36

Leçon 2　肯定文と疑問文 ………………………………………………… 40

Leçon 3　否定文 …………………………………………………………… 44

Leçon 4　命令文 …………………………………………………………… 48

Leçon 5　提示の表現(1) C'est 〜.「これは〜です。」 ………………… 50

Leçon 6　提示の表現(2) Il y a 〜.「〜があります。」 ………………… 52

Leçon 7　提示の表現(3) Voici 〜. / Voilà 〜.「ほら、〜です。」 …… 54

colonne　数詞(2)100〜の数字と序数の数え方 ……………………… 56

Chapitre 2　品詞の基本

Leçon 1　名詞 ……………………………………………………………… 58

Leçon 2	冠詞	62
Leçon 3	形容詞	66
Leçon 4	動詞	72
Leçon 5	副詞	78
Leçon 6	前置詞	80
Leçon 7	指示形容詞	86
Leçon 8	所有形容詞	88
Leçon 9	疑問形容詞	92
Leçon 10	疑問副詞	96
Leçon 11	疑問代名詞	102
Leçon 12	人称代名詞	106
Leçon 13	中性代名詞	110
Leçon 14	指示代名詞	116
Leçon 15	所有代名詞	120
colonne	数量副詞と数量表現	124

Chapitre 3 動詞の時制と用法

Leçon 1	直説法現在（1）第1群規則動詞の活用	126
Leçon 2	直説法現在（2）第2群規則動詞の活用	130
Leçon 3	直説法現在（3）不規則動詞の活用	134
Leçon 4	近接未来	140
Leçon 5	近接過去	142
Leçon 6	代名動詞	144
Leçon 7	知覚動詞・使役動詞	150
Leçon 8	現在分詞とジェロンディフ	154
Leçon 9	受動態	158
Leçon 10	複合過去（1）助動詞 avoir	162
Leçon 11	複合過去（2）助動詞 être	166

Leçon 12	半過去	170
Leçon 13	単純未来	174
colonne	曜日・月・季節	178

Chapitre 4 — フランス語の構文と用法

Leçon 1	非人称構文(1)時間と天気	180
Leçon 2	非人称構文(2)その他	186
Leçon 3	比較級と最上級	190
Leçon 4	関係代名詞	194
Leçon 5	強調構文	198
colonne	国名・国籍・言語	200

Chapitre 5 — 初級文法の補足

Leçon 1	直説法(直説法大過去・直説法前未来)	202
Leçon 2	条件法(条件法現在)	205
Leçon 3	接続法(接続法現在)	208
Leçon 4	話法(直接話法・間接話法)	211

巻末付録

動詞活用表 ………………………………… 214

あいさつの表現 se saluer

文法の説明に入る前に、
フランス語のあいさつの表現を紹介します。
気持ちを伝えるための便利なフレーズ、
たくさん覚えて使ってみましょう。

基本のあいさつ

Bonjour ! ボンジューる	こんにちは！／おはようございます！
Bonsoir ! ボンソワーる	こんばんは！
Bonne nuit ! ボンヌ　ニュイ	おやすみなさい！

＊敬称 monsieur, madame, mademoiselle をつけると丁寧なあいさつになります。
ムスィユー　　　　マダム　　　　マドモワゼル

[例] **Bonjour, monsieur.**　おはようございます。〈男性に対して〉
ボンジューる　　　ムスィユー

Merci, madame.　ありがとうございます。〈女性に対して〉
めるスィ　　マダム

〈丁寧な表現〉	〈親しい間柄での表現〉
Comment allez-vous ? コマン　　　タレ　　ヴ	**Comment vas-tu ?** コマン　　　ヴァ　テュ
ごきげんいかがですか？	元気にしてる？
Vous allez bien ? ヴ　ザレ　ビヤン	**Ça va ?** サ　ヴァ
お元気ですか？	元気？
-Je vais bien, merci. Et vous ? ジュ ヴェ ビヤン めるスィ エ ヴ	**-Ça va. Et toi ?** サ　ヴァ　エトワ
－元気です。ありがとう。あなたは？	－元気だよ。きみは？
-Moi aussi, très bien. Merci. モワ オスィ とれ ビヤン めるスィ	**-Ça va très bien. Merci.** サ ヴァ とれ ビヤン めるスィ
－私もとても元気です。ありがとう。	－とても元気。ありがとう。
Au revoir. À bientôt. オ るヴォワーる ア ビヤント	**Salut. À plus (plus tard) !** サリュ ア プリュス プリュ ターる
さようなら。ではまた。	じゃあ。またあとで！

9

お礼の表現 //

メルスィ ボクー **Merci beaucoup.**	メルスィ ビヤン **Merci (bien).**
ありがとうございます。	ありがとう。
ジュ ヴ ザン プリ **-Je vous en prie.**	ドゥ リヤン **-De rien.**
-どういたしまして。	-どういたしまして。

お詫びの表現 //

エクスキュゼ モワ **Excusez-moi.**〈お詫び〉	パルドン **Pardon !**〈軽く謝るとき〉
申し訳ありません。／すみません。	すみません!

「よい～を!」の表現 //

ボンヌ シャンス **Bonne chance !**	ボン クらージュ **Bon courage !**
幸運を!	がんばって!
ボンヌ ヴァカンス **Bonnes vacances !**	ボン ウィケンド **Bon week-end !**
よい休暇を!	よい週末を!
ボン ナニヴェるセーる **Bon anniversaire !**	ボ ナネ **Bonne année !**
お誕生日おめでとう!	よいお年を!
ボナ ペティ **Bon appétit !**	ボン ヴォワイヤージュ **Bon voyage !**
召し上がれ!	よい旅を!

明るく、元気に、自信をもって、あいさつしてみましょう!

文字と発音を
学ぼう

アルファベ
_{アルファベ}alphabet

アルファベとつづり字記号を覚えて、さっそく発音してみましょう。

フランス語の文字（1）　アルファベ

フランス語も英語と同じ26文字のアルファベットを使います。英語と同じように alphabet とつづり、アルファベと発音します。

母音字 voyelles	子音字 consonnes				
A a ア	**B b** ベ	**C c** セ	**D d** デ		
E e ウ	**F f** エフ	**G g** ジェ	**H h** アッシュ		
I i イ	**J j** ジ	**K k** カ	**L l** エル	**M m** エム	**N n** エヌ
O o オ	**P p** ペ	**Q q** キュ	**R r** エーる	**S s** エス	**T t** テ
U u ュ	**V v** ヴェ	**W w** ドゥブルヴェ	**X x** イクス		
Y y イグれック	**Z z** ゼッド				

音声をよく聞いて
発音を確認してね！

フランス語の文字（2） つづり字記号

　12ページの26文字以外に、つづり字記号と呼ばれる記号のついたアルファベがあります。この記号は強く発音するというアクセントのための記号ではなく、ほかの文字と区別するためのつづり上の記号です。大文字につくつづり字記号は省略できます。発音の詳細については18ページ以降であらためて説明します。

名　称	つづり字記号のつく文字	発音上の留意点
アクサン・テギュ	É é	a, i, o, u はつづり字記号がついてもつかなくてもおおよそ同じ発音 e のみ、é は鋭く「エ」、è と ê は曖昧に「エ」と発音
アクサン・グラーヴ	À à　È è　Ù ù	
アクサン・ スィルコンフレックス	Â â　Ê ê　Î î　Ô ô　Û û	
トレマ	Ë ë　Ï ï　Ü ü	隣り合う母音は別々に発音
セディーユ	Ç ç	サ行で発音（×カ行）

　＊つづり字記号はつきませんが他に Œ œ（オ・ウ・コレ）という文字があります。

フランス語の発音（1） 単母音

　フランス語の母音は次の6文字です（12ページの表の色のマスで記した文字）。それぞれ単語の中で読まれるとき、アルファベとして読むのとは発音が異なるものがあるので注意しましょう。

a ア	e 軽いウ／エ／読まない	i イ	o オ	u ュ	y イ

　これ以外の20文字はすべて子音です。子音はひとまずローマ字と同じように読んでみてください。ただし次のような、読まない文字があるので要注意です。

フランス語の発音（2） 発音しない文字

　フランス語の発音でもっとも大切なポイントは、文字で書かれていても読まない音があるのに注意することです。

ルール❶　**単語の最後の e は発音しない**

【例】 パティスリ
pâtisserie 菓子 ／ ジュ マペル ソフィ
Je m'appelle Sophie. 私の名前はソフィです。／
ボンヌ ジュルネ
Bonne journée. よい一日を。 ／ ボンヌ ソワレ
Bonne soirée. よい夜を。

　単語の最後の子音は発音しない

【例】**Salut !**　<ruby>サリュ<rt></rt></ruby>　やあ！ / **Japonais**　<ruby>ジャポネ<rt></rt></ruby>　日本人 / **Français**　<ruby>フランセ<rt></rt></ruby>　フランス人

　　　croissant　<ruby>クロワサン<rt></rt></ruby>　クロワッサン / **alphabet**　<ruby>アルファベ<rt></rt></ruby>　アルファベット /

　　　accent　<ruby>アクサン<rt></rt></ruby>　アクセント

＊ただし、**c, r, f, l** は発音することがあります。

【例】**sac**　<ruby>サック<rt></rt></ruby>　カバン / **bonjour**　<ruby>ボンジュール<rt></rt></ruby>　こんにちは / **neuf**　<ruby>ヌフ<rt></rt></ruby>　9 / **mal**　<ruby>マル<rt></rt></ruby>　痛み　など

> 発音することがある子音は、
> 英語の、Be careful！に含まれる子音に「気
> をつけて！」と覚えると便利です。

ルール❸　h は発音しない

【例】**thé**　<ruby>テ<rt></rt></ruby>　紅茶 / **hôtel**　<ruby>オテル<rt></rt></ruby>　ホテル

フランス語の発音（3）　連　音

　フランス語の発音の最大の特徴は、単語と単語をつなげて読むことにあります。
読み方には決まったルールがあるので、整理しておきましょう。

ルール❶　リエゾン（連音）

　発音されない語末の子音と、次の単語のはじめの母音（無音の h を含む）を、連
結して発音することをリエゾンといいます。

【例】**vous êtes～**　<ruby>ヴ ゼット<rt></rt></ruby>　あなたは～です。

　　　nous avons～　<ruby>ヌ ザヴォン<rt></rt></ruby>　私たちは～を持っています。

　　　dix euros　<ruby>ディ ズロ<rt></rt></ruby>　10ユーロ

> とくにリエゾンすると
> s と x は [z] の音に、
> f は [v] の音に、
> d は [t] の音になります。

ルール❷　　アンシェヌマン（連読）

　発音される語末の子音と、次の単語のはじめの母音（無音のhを含む）を、**連結して読む**ことをアンシェヌマンといいます。

【例】 **il est** ~　彼は〜です。　/ **elle a** ~　彼女は〜を持っています。
イ レ　　　　　　　　　　　　エ ラ

　　　il y a ~　〜がある。　/ **une amie**　女友達。
イ リ ヤ　　　　　　　　　　　ユ ナ ミ

ルール❸　　エリジョン（母音字省略）

　ある決まった単語の語末の母音を、次の単語のはじめの母音（無音のhを含む）のために**省略して読む**ことをいいます。省略するときに、アポストロフ（ ’ ＝英語のアポストロフィー）でつないで、2つの単語を1つの単語のように発音します。

【例】 **ce＋est → c'est**~　　これは〜です。
　　　 ス　　 エ　　　　 セ

　　　le＋hôtel → l'hôtel　　ホテル
　　　 ル　 オテル　　　 ロテル

エリジョンするのは次の11の単語です。

| je→ j' | le→ l' | la→ l' | ne→ n' | ce→ c' | de→ d' |
ジュ	ル	ラ	ヌ	ス	ドゥ
que→ qu'	me→ m'	te→ t'	se→ s'	si→ s' s'il(s)の場合のみ	
ク	ム	トゥ	ス	スィ	

もう一歩！
Un pas de plus ! **無音の h**
　　　　　　　　　アッシュ

　単語の最初の文字hには有音のhと無音のhの違いがあり、辞書に印がついています。

●「無音のh」と「有音のh」の区別について

　どちらも発音しないことに変わりはありませんが、その区別でリエゾンやアンシェヌマンなどの連音をするかどうかが決まります。辞書で調べると、単語の前に「†」や発音記号の前に「'」などの記号がついているものが「有音のh」、記号がついていないものが「無音のh」です。**無音のhが母音の扱い、有音のhが子音の扱い**、と考えるとよさそうですね。

　辞書によっては、単語の重要度に「*」「**」「***」などの記号がつく場合があるので、有音のhにつく記号と間違えないように気をつけてください。

練習問題 Exercices

🎤02

1 次の略語をアルファベで読んでみましょう。音声を聞いて確認しましょう。

① **TGV**

② **DVD**

③ **TVA**

④ **SNCF**

2 自分の名前をスペルで伝えてみましょう。

例 **Je m'appelle Rika. R, I, K, A.**

私の名前はリカです。（スペルは）R, I, K, A です。

---

3 次の ① ～ ⑥ の音声を聞き、（　）内に1～10までのどの数字が入るか答えましょう。

① （　　　） **euros**　　ユーロ

② （　　　） **euros**　　ユーロ

③ （　　　） **heures**　　時間

④ （　　　） **heures**　　時間

⑤ （　　　） **ans**　　歳

⑥ （　　　） **enfants**　子ども

ヒント　1～10までの数字

アン 1 un	ドゥ 2 deux	トロワ 3 trois	カトる 4 quatre	サーンク 5 cinq
スィス 6 six	セット 7 sept	ユイ/ユイット 8 huit	ヌフ 9 neuf	ディス 10 dix

数字の後ろに母音や無音のhで始まる
euro「ユーロ」やheure「時間」などの
単語が来るとリエゾンやアンシェヌマンが起こり、
数字だけのときとは
聞こえ方が異なります。
音声をくり返し聞いて慣れてください。

4 (A)と(B)のそれぞれの単語の並びを見比べてから、音声を聞き、音声に一致するほうに○をつけましょう。

① (A) **une orange** （　　　）

(B) **des oranges** （　　　）

② (A) **Il sont ...** （　　　）

(B) **Ils sont ...** （　　　）

③ (A) **Elle étudie ...** （　　　）

(B) **Elles étudient ...** （　　　）

④ (A) **Il habite ...** （　　　）

(B) **Ils habitent ...** （　　　）

2つめの単語の語頭の母音、
または無音のhに
気をつけてくださいね。

....

《解答》 1 ❶TGV（フランス新幹線）　　❷DVD

❸TVA（付加価値税）　　❹SNCF（フランス国有鉄道）

2　　自分の名前をスペルで言ってみましょう。

3 ❶8 (huit)　❷2 (deux)　❸5 (cinq)　❹10 (dix)　❺9 (neuf)　❻3 (trois)

4 ❶ **(B)** des oranges 「いくつかのオレンジ」（リエゾン）（→p.62）

❷ **(B)** Ils sont 「彼らは〜です」（リエゾンおよびエリジョンなし）（→p.75）

❸ **(B)** Elles étudient 「彼女は〜を勉強します」（リエゾン）（→p.74）

❹ **(A)** Il habite 「彼らは〜に住んでいます」（アンシュヌマン）
　　＊habiter 「住む」の現在形（→p.170）

17

🎤 03

母 音
ヴォワイエル
voyelles

母音の発音には規則性があり、単母音、複母音、鼻母音の３つに整理できます。

（1）単 母 音

フランス語の母音となるアルファベは６文字で、それぞれ単語の中で読まれる
ときの発音は次のようになるのでしたね (→p.13でよりくわしく解説します)。

単母音❶	単母音❷	単母音❸	単母音❹	単母音❺	単母音❻
a ア	**e** 軽いウ／エ／読まない	**i** イ	**o** オ	**u** ユ	**y** イ

（2）複 母 音

２つ以上の連続する母音を複母音と言い、フランス語では新しい別の１音の発
音になります (→p.22-23でよりくわしく解説します)。

複母音❶	**ai, ei**	[ɛ] [e] エ	**lait** レ 牛乳 / **fraise** フれーズ イチゴ
複母音❷	**au, eau**	[ɔ] [o] オ	**chaud** ショ 暑い / **eau** オ 水
複母音❸	**ou**	[u] ウ	**couteau** クトー ナイフ
複母音❹	**oi**	[wa] オワ	**noix** ノワ クルミ / **poire** ポワーる 洋梨
複母音❺	**eu, œu**	[ø] [œ] ウ	**beurre** ブーる バター / **œuf** ウフ 卵

（3）鼻 母 音

　フランス語の特徴的な発音に鼻母音があります。鼻から音が抜けるように、あるいは頭頂部後ろから前方に向かって音を投げかけるように発音します (→p.25でよりくわしく解説します)。

鼻母音❶	am, an, em, en	[ã] アン	フら−ンス France	フランス
鼻母音❷	im, in, ym, yn, aim, ain, eim, ein	[ɛ̃] アン	ドゥマン demain	明日
鼻母音❸	um, un	[œ̃] アン	アン un	1
鼻母音❹	om, on	[ɔ̃] オン	ボンジューる bonjour	こんにちは

もう一歩！
Un pas de plus! 発音記号で見る母音

● フランス語の母音図表

　アルファベで母音を6つ見てきましたが、発音記号をくわしく見ると全部で12種類の母音があります。母音の発音記号の全体像を見てみましょう。

　下図の12種類の母音に加えて、さらに4つの鼻母音がありますので、じっさいにはフランス語の母音は全部で16種類となります。

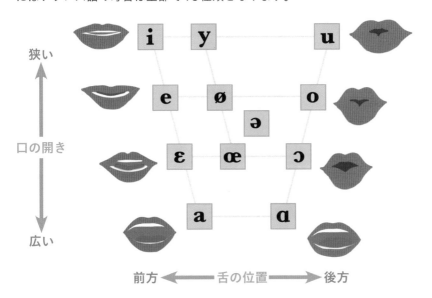

🎙 04

母音(1) 単母音
ヴォワイエル サーンプル
voyelles simples

20〜25ページでは、母音の発音記号を学んでいきます。

日本語にはない母音の発音があるので、発音記号を使ってよりくわしく勉強しましょう。この部分は発音に慣れてから勉強してみてもいいですよ。

単母音の発音

26文字のアルファベのうち、1文字で母音の発音になるものが6つありますが、その母音につづり字記号がついたものも母音として発音します。

日本人には同じように聞こえる母音でも発音のしかたが異なる母音があります。1つずつ発音記号とイラストを確認しながら、発音をまねしてみましょう。

i, î, y [i] イ		日本語の「イ」よりも口を横に引いて、鋭く「イ」と発音します。 ヴィ　　イル　　スティロ **vie** 生活 / **île** 島 / **stylo** ペン
e, é [e] エ		日本語の「エ」よりも口を横に引いて、鋭く「エ」と発音します（狭い「エ」）。 メ　　エテ **mes** 私の / **été** 夏
e, è, ê [ɛ] エ		日本語の「エ」よりも口を縦に開いて、曖昧に「エ」と発音します（広い「エ」）。 アヴェク　　　　　　　　トれ **avec** 〜といっしょに / **très** とても / エートる **être** 〜です

a, à [a] ア		日本語の「ア」よりも口をやや平らにして「ア」と発音します。舌は前のほうにあります（明るい「ア」）。 ヴァ　　　　　ラ **va**（彼は）行く / **là** あそこ
a, â [ɑ] ア		日本語の「ア」よりも口を丸めて「ア」と発音します。舌は奥にあります（暗い「ア」）。 アージュ **âge** 歳
o, ô [o] オ		日本語の「オ」よりも口をすぼめて、前につき出し「オ」と発音します（狭い「オ」）。 モ　　　　　　コテ **mot** 言葉 / **côté** 側
o [ɔ] オ		日本語の「オ」よりも口を縦に開いて曖昧に「オ」と発音します（広い「オ」）。 エコル **école** 学校
u, û [y] ユ		フランス語の [i] の舌の位置で（→p.20）[u] の口の形にして（→p.23）発音をすると、「ユ」と発音できます。 サリュ　　　　　スュール **salut** やぁ / **sûr** 確信する（している）
e [ə] ウ		力を抜いて軽く「ウ」と発音します。 プティ **petit** 小さい

発音記号を見ながら
音声を確認してくださいね。

🎤 05

母音(2) 複母音
ヴォワイエル　コンポゼ
voyelles composées

母音が**複数**（2つ、または3つ）並ぶと、まとまって別の1つの音になります。

複母音のつづり字と発音

フランス語は、つづり字と発音の対応関係がはっきりと決まっています。そのため、発音のルールを覚えれば、ほとんどの単語が発音ができるようになります。なかでも、すぐに覚えたいものが、**複母音の発音のルール**です。

複母音❶ **ai, aî, ei** [ε] エ		日本語の「エ」よりも口を縦に開いて曖昧に「エ」と発音します（広い「エ」）。 ジャポネ **japonais** 日本人 / **paix** 平和 / メートる **maître** 先生 / **la Seine** セーヌ川
複母音❷ **au, eau** [ɔ] [o] オ	[ɔ]	日本語の「オ」よりも口を縦に開いて曖昧に「オ」と発音します（広い「オ」）。 れすとらン **restaurant** レストラン / **automne** 秋
	[o]	日本語の「オ」よりも口をすぼめて前につき出し「オ」と発音します（狭い「オ」）。 オジュるデュイ **aujourd'hui** 今日 / **tableau** 絵
複母音❸ **eu, œu** [œ] [ø] ウ	[œ]	日本語の「ウ」よりも口を開いて曖昧に発音します 舌の位置は [ε] のように下がっています（曖昧な「ウ」）。 フルーる **fleur** 花 / **sœur** 姉妹
	[ø]	日本語の「ウ」よりも曖昧に発音します。舌の位置は [e] のように前方にあります（曖昧な「ウ」）。 ジョワイユー **joyeux** 楽しい / **bleu** 青 / **œuvre** 作品

複母音④ **ou, où** [u] ウ		日本語の「ウ」よりも口を丸くつき出して「ウ」と発音します（狭い「ウ」）。 ボンジューる **bonjour** こんにちは / **vous** あなた（たち） るージュ　　　　ウ　　　　ウ（ート） **rouge** 赤 /**où** どこに（へ）/ **août** 8月
複母音⑤ **oi, oî** [wa] オワ		日本語の「オ」の口から「ワ」と開くように1音で発音します。 ソワーる　　　　　　マドモワゼル **soir** 夜 / **mademoiselle** お嬢さん / シノワ　　　　　　オワゾー **chinois** 中国人 / **oiseau** 鳥 / ヴォワテューる　　　　ボワット **voiture** 車 / **boîte** 箱

日本語で「ウ」と読みがなをふっているものに、
[u] [œ] [ø] の3つがあるのですね。
とくに、[œ] と [ø] の発音は日本語にないので、
しっかり聞き取って発音を練習しましょう。

colonne

発音記号と読みがな

　発音記号は、英語と同じように [ ] で表記されます。長音記号も英語と同じ [ː] で表記されます（長音記号を用いない辞書もあります）。英語にはないのが、鼻母音を示す [˜] の表記です。本書では、発音記号に触れながら、フランス語に特有の発音方法を紹介しています。少しでもスムーズに学習を進められるよう読みがなをふっていますが、「ウ」の読み方だけでもじっさいには [u][ə][ø][œ] の4つの発音があったり、4種類ある鼻母音もそのうち3種類 [ɑ̃][ɛ̃][œ̃] の発音が「アン」という読み方になったりして、日本語でのかな表記はあくまでも補足的な方法でしかないことが感じられたのではないかと思います。

　フランス語には英語と同じ単語や似たようなつづりの単語が数多くあるので、早くたくさんの単語を覚えることができるでしょう。ただ、なんとなく英語のように読むくせをつけてしまうと正しい発音から遠ざかり、フランス語で聞き取ることも発音することも苦手になってしまいます。フランス語の発音の上達のコツは、1つは英語の発音とは頭をきりかえること、もう1つは最初に時間がかかってもフランス語の発音のルールに則って単語を1つずつ自分の力で読むようにすることです。この2つが上達への近道です。

練習問題 Exercices

1 次の単語に含まれる複母音の発音が (A) と (B) のどちらと同じか選びましょう。
（＊解答は音声で確認してください。）

① **mai** 5月　　　　(A) **neige** 雪　　　(B) **maïs** トウモロコシ

② **sauce** ソース　　(A) **bateau** 船　　(B) **octobre** 10月

③ **professeur** 教師　(A) **queue** 尾　　(B) **ordinateur** コンピュータ

④ **deux** 2　　　　　(A) **douze** 12　　(B) **petit-déjeuner** 朝食

. . . .

🎤 06

《解答》 1　① (A) neige

neige は複母音で [ɛ] の発音になりますが、(B) maïs は複母音の発音ではありません。トレマのついた ï は隣り合う母音とは別々に読むので、前の母音の a とトレマのついた ï を「アイ」のように別々に発音します（→ p.13）。

② (A) bateau

bateau は複母音で [o] の発音、(B) octobre はどちらも単母音で [ɔ] の発音です。複母音の au と eau は多くのものが [o] の発音で、単母音の o は [ɔ] の発音が多い傾向がありますが、後続する子音に影響されてどちらの発音になるかが決まります。[o] と [ɔ] の違いは会話ではさほど問題がありませんので、ルール化して覚えるより個々の単語を何度も発音して音で覚えてしまいましょう。

③ (B) ordinateur

queue は [ø]、(B) ordinateur は [œ]、どちらも日本語にはない音なのでしっかり聞き取ってください。複母音 eu と œu は、[ø] または [œ] のどちらの発音になるか、後続する子音の影響で決まります。最初は聞き取りも発音も難しいですが、どちらもまずは曖昧な「ウ」と発音してみましょう。

④ (B) petit-déjeuner

(B) の複母音 eu[ø] と [œ] は聞き取りも発音も難しい曖昧な「ウ」ですが、(A) の複母音の ou[u] は口をすぼめて鋭く「ウ」（狭い「ウ」）と発音します。
deux は [ø]、douze は [u]、deux euros「2ユーロ」と douze euros「12ユーロ」はリエゾンすることによって同じような音に聞こえますが、2つは発音が明確に異なりますので気をつけましょう。

🎙07

母音(3) 鼻母音
ヴォワイエル　　ナザル
voyelles nasale

母音字（1つまたは2つ）にmまたはnが続くと、鼻にかかる音になります。

鼻母音のつづり字と発音

　フランス語らしい音のひとつが、鼻母音です。4つの種類があります。日本語にはない音ですが、「案内」のように、後続する「ン」の影響で、自然に母音を鼻音化し（鼻母音に近い音を）発音しているものがあります。

鼻母音① **am, an, em, en** [ɑ̃] アン		母音 [ɑ] の口の形（口を広めに開く）をつくり、息を鼻と口の両方から同時に出して、鼻の後ろの空洞から頭にかけて音が響くように発音します。 フラーンス France フランス / アンヴロップ enveloppe 封筒 / タン temps 時間、季節 / シャーンブる chambre 部屋
鼻母音② **im, in, ym, yn aim, ain, eim, ein** [ɛ̃] アン		母音 [ɛ] の口の形（唇を少し横に引く）をつくり、息を鼻と口の両方から同時に出して、鼻の後ろの空洞から頭にかけて音が響くように発音します。 アンポスィーブル impossible 不可能な / ヴァン vin ワイン / ファン faim 空腹 /demain 明日 / らーンス Reims ランス / パンテューーる peinture 絵 / サンフォニ symphonie 交響曲 / サンタクス syntaxe 統辞論
鼻母音③ **um, un** [œ̃] アン*		母音 [œ] の口の形（縦長の楕円形に開く）をつくり、息を鼻と口の両方から同時に出して、鼻の後ろの空洞から頭にかけて音が響くように発音します。 ぱるファン parfum 香水 / アン un 1 / ランディ lundi 月曜日
鼻母音④ **om, on** [ɔ̃] オン		母音 [ɔ] の口の形（縦長に丸く突き出す）をつくり、息を鼻と口の両方から同時に出して、鼻の後ろの空洞から頭にかけて音が響くように発音します。 ボンジューーる Bonjour こんにちは / ジャポン Japon 日本 / コンビヤン combien いくら、いくつ

＊ [œ̃] の発音は都市部を中心にしだいになくなり、現在ではほぼ [ɛ̃] の発音で代用され、区別されなくなっているといわれています。

🎤08

半母音
スミ　ヴォワイエル
semi-voyelles

フランス語には半母音（半子音）と呼ばれる音があります。

半母音（半子音）の現れるつづり字と発音

半母音は、舌を口のなかで持ち上げ、口のなかに狭い空気の通り道をつくることで発音される摩擦音です。母音の [i] が子音に近づき [j] に、[y] が [ɥ] に、[u] が [w] になります。

半母音の基本となるのは、この [j], [ɥ], [w] という３つの音。つづり字と発音との関係は、慣れることで身につけていきましょう。

半母音❶ **i ＋母音字** [j] ィ	後続の母音字によって、「ィエ」「ィヤ」「ィヨ」などを1音節で発音します。日本語の「イ」よりも舌を奥に高く持ち上げ狭くして、空気を摩擦させます。
	ジャンヴィエ **janvier** 1月 / エテュディエ **étudier** 勉強する / バピエ **papier** 紙 / イリヤ **il y a** 〜がある / リヨン **Lyon** リヨン
半母音❷ **u ＋母音字** [ɥ] ュ	後続の母音によって、「ュア」「ュイ」「ュエ」などを1音節で発音します。日本語の「ユ」よりも舌を奥に高く持ち上げ狭くして、空気を摩擦させます。
	ニュアージュ **nuage** 雲 / ニュイ **nuit** 夜 / ユイ(ット) **huit** 8 / フリュイ **fruit** 果物 / オジュるデュイ **aujourd'hui** 今日 / アッシュ ミュエ **h muet** 無音のh（アッシュ）
半母音❸ **ou ＋母音字** [w] ゥ	後続の母音によって「ウィ」「ウエ」「ゥワ」などを1音節で発音します。日本語の「ウ」よりも舌を奥に高く持ち上げ狭くして、空気を摩擦させます。
	ウィ **oui** はい / ウェスト **ouest** 西 / ジュエ **jouet** おもちゃ / ウィ **ouïe** 聴覚

半母音（半子音）に関連する単語

前ページの応用として、半母音（半子音）に関連するその他の特徴的なつづり字と発音を見ておきましょう。

ill	ill は基本的には [ij] と発音します。ただし、ville[vil], mille[mil] などは例外。
[ij] イユ、イエ、イヤ	フィーユ ジュイエ ファミーユ ピヤージュ **fille** 娘 / **juillet** 7月 / **famille** 家族 / **pillage** 略奪
ail(l)	[j] を1音節で発音するので、「アィユ」をむしろ「アユ」と読んでみてください。
[aj] アィユ	アィユ トラヴァィユ カィユー **ail** ニンニク / **travail** 仕事 / **caillou** 小石
eil (l)	[j] を1音節で発音するので、「エィユ」をむしろ「エユ」と読んでみてください。
[εj] エィユ	ソレィユ ブティユ ソメィユ **soleil** 太陽 / **boteill** 瓶 / **sommeil** 眠り、睡眠
oin	「オワ」と2音節にならないように「オ」の口の形から「ワン」と発音します。
[wɛ̃] オワン	ポワン ロワン コワン **point** 点、ピリオド / **loin** 遠く / **coin** 角、隅
ien	「イヤ」と2音節にならないように「イ」の口の形から「ヤン」と発音します。
[jɛ̃] イヤン	ビヤン リヤン ティヤン **bien** よく、上手に / **lien** ひも、絆 / **tiens** おや、ほら

まずは、表内の単語の発音に慣れましょう。
このページはルールとして覚えるというよりは、
単語を覚えながら発音に慣れることが目標です。
あとで、つづり字と発音がこのようなしくみに
なっているのだなと納得できるはずです！

🎤09

子音
コンソヌ
consonnes

子音の種類を確認し、フランス語らしい発音ができるよう練習しましょう。

子音の種類と発音（子音の発音記号）

まず、子音の種類と発音記号の全体像を見てみましょう。全部で17（＋1）種類の子音があります。

	無　声		有　声	
閉鎖子音	[p] プ りょうしん 両唇破裂音		[b] ブ りょうしん 両唇破裂音	
	[t] トゥ 歯茎破裂音		[d] ドゥ 歯茎破裂音	
	[k] ク なんこうがい 軟口蓋破裂音		[g] グ なんこうがい 軟口蓋破裂音	

ほとんどの子音が、お互いに対応する
ペアやグループになることがわかりますね。
このままペアやグループに分けて、
30ページ以降で子音をさらにくわしく
見ていきましょう。

無　声		有　声	
狭窄子音	[**f**] フ 唇歯摩擦音 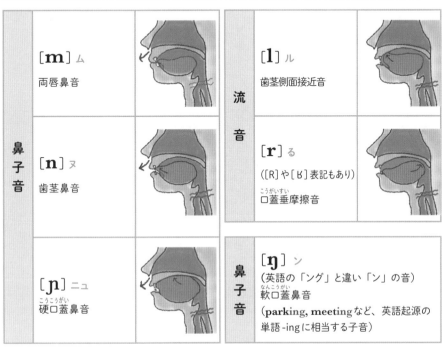	[**v**] ヴ 唇歯摩擦音
	[**s**] ス 歯茎摩擦音	[**z**] ズ 歯茎摩擦音
	[**ʃ**] シュ 後部歯茎摩擦音	[**ʒ**] ジュ 後部歯茎摩擦音

鼻子音	[**m**] ム 両唇鼻音	**流音**	[**l**] ル 歯茎側面接近音
	[**n**] ヌ 歯茎鼻音		[**r**] る ([ʀ]や[ʁ]表記もあり) こうがいすい 口蓋垂摩擦音
	[**ɲ**] ニュ こうこうがい 硬口蓋鼻音	**鼻子音**	[**ŋ**] ン （英語の「ング」と違い「ン」の音） なんこうがい 軟口蓋鼻音 （parking, meetingなど、英語起源の 単語 -ingに相当する子音）

29

破裂させてつくる子音のグループ

唇や歯や舌をあてて、軽く呼気を破裂させ音を出す子音です。

[p] プ		閉じた両唇を開いたときの破裂でつくる子音です。無声です。
母音をつけると、ほぼ「パ」「ピ」「プ」「ペ」「ポ」の発音です。		^{プティ} petit　小さい / ^{パリ} Paris　パリ / ^{パピエ} papier　紙
[b] ブ		閉じた両唇を開いたときの破裂でつくる子音です。有声です。
母音をつけると、ほぼ「バ」「ビ」「ブ」「ベ」「ボ」の発音です。		^{ボクー} beaucoup　とても / ^{ビヤン} bien　よく / ^{ビエール} bière　ビール
[t] トゥ		舌先を上前歯の裏から歯茎にあててつくる子音です。無声です。
「タチツテト」ではなく、「タ」「ティ」「トゥ」「テ」「ト」になることに注意！		^{タイティ} Tahiti　タヒチ / ^{ユイ(ット)} huit　8 / ^テ thé　紅茶 / ^{トゥ} tout　すべての
[d] ドゥ		舌先を上前歯の裏から歯茎にあててつくる子音です。有声です。
「ダヂヅデド」ではなく、「ダ」「ディ」「ドゥ」「デ」「ド」ですね！		^{ドゥー} deux　2 / ^{ダーンス} danse　ダンス、舞踊 / ^{ダンティスト} dentiste　歯科医 / ^{デサン} dessin　絵、素描
[k] ク		舌の山が上あごのまんなかあたりにあたってできる子音です。無声です。
母音をつけると、ほぼ「カ」「キ」「ク」「ケ」「コ」の発音です。		^{カナダ} Canada　カナダ / ^{カフェ} café　カフェ / ^ケ quai　河岸、ホーム
[g] グ		舌の山が上あごのまんなかあたりにあたってできる子音です。有声です。
母音をつけると、ほぼ「ガ」「ギ」「グ」「ゲ」「ゴ」の発音です。		^{ギッド} guide　案内 / ^{ガール} gare　駅 / ^{フリゴ} frigo　冷蔵庫

摩擦させてつくる子音のグループ

唇や歯や舌を軽く接して息を漏らすことで音を出す子音です。

[f] フ		上前歯の先端を下唇の内側にあて、すきまから息を出します。無声です。
「ファ」「フィ」「フ」「フェ」「フォ」を1音節で発音します。		<ruby>France<rt>フラーンス</rt></ruby> フランス / <ruby>fille<rt>フィーユ</rt></ruby> 娘 / <ruby>photographe<rt>フォトグラフ</rt></ruby> 写真家
[v] ヴ		上前歯の先端を下唇の内側にあて、すきまから息を出します。有声です。
ほぼ「ヴァ」「ヴィ」「ヴ」「ヴェ」「ヴォ」の発音です。		<ruby>vingt<rt>ヴァン</rt></ruby> 20 / <ruby>vin<rt>ヴァン</rt></ruby> ワイン / <ruby>janvier<rt>ジャンヴィエ</rt></ruby> 1月 / <ruby>vélo<rt>ヴェロ</rt></ruby> 自転車
[s] ス		舌先と上前歯の歯茎のあいだのすきまから息を出します。無声です。
「サシスセソ」ではなく、「サ」「スィ」「ス」「セ」「ソ」になることに注意!		<ruby>cinq<rt>サーンク</rt></ruby> 5 / <ruby>six<rt>スィス</rt></ruby> 6 / <ruby>sept<rt>セット</rt></ruby> 7 / <ruby>merci<rt>メルスィ</rt></ruby> ありがとう
[z] ズ		舌先と上前歯の歯茎のあいだのすきまから息を出します。有声です。
「ザジズゼゾ」ではなく、「ザ」「ズィ」「ズ」「ゼ」「ゾ」ですね!		<ruby>zoo<rt>ゾ(オ)</rt></ruby> 動物園 / <ruby>Française<rt>フランセーズ</rt></ruby> フランス人（女性）/ <ruby>zéro<rt>ゼロ</rt></ruby> 0
[ʃ] シュ		舌先を上前歯の歯茎に近づけ、すきまから息を出し、唇は前に出します。舌は口の奥の方で立てます。無声です。
「シャ」「シ」「シュ」「シェ」「ショ」に近いですが、舌はもっと奥!		<ruby>chat<rt>シャ</rt></ruby> 猫 / <ruby>chien<rt>シヤン</rt></ruby> 犬 / <ruby>chaud<rt>ショ</rt></ruby> 暑い / <ruby>Chine<rt>シーヌ</rt></ruby> 中国
[ʒ] ジュ		舌先を上前歯の歯茎に近づけ、すきまから息を出し、唇は前に出します。舌は口の奥の方で立てます。有声です。
「ジャ」「ジ」「ジュ」「ジェ」「ジョ」で舌はもっと奥に!		<ruby>joli<rt>ジョリ</rt></ruby> きれいな / <ruby>je<rt>ジュ</rt></ruby> 私は / <ruby>Belgique<rt>ベルジック</rt></ruby> ベルギー / <ruby>Japonais<rt>ジャポネ</rt></ruby> 日本人（男性）

31

鼻音と流音の子音のグループ

フランス語らしい鼻にかかった音やうがい音は、よく聞いて練習しましょう。

[m] ム		息を鼻から通し、音を鼻の奥に響かせるように発音します。
母音をつけると、ほぼ「マ」「ミ」「ム」「メ」「モ」の発音です。		<ruby>mère<rt>メール</rt></ruby> 母 / <ruby>aimer<rt>エメ</rt></ruby> ～が好き / <ruby>montagne<rt>モンターニュ</rt></ruby> 山 / <ruby>métro<rt>メトろ</rt></ruby> 地下鉄 / <ruby>ami<rt>アミ</rt></ruby> 友達
[n] ヌ		息を鼻から通し、音を鼻の奥に響かせるように発音します。
ほぼ「ナ」「ニ」「ヌ」「ネ」「ノ」の発音です。日本語の「ニ」は [ɲi] に近いので [ni] と発音することに注意！		<ruby>non<rt>ノン</rt></ruby> いいえ / <ruby>nuage<rt>ニュアージュ</rt></ruby> 雲 / <ruby>nuit<rt>ニュイ</rt></ruby> 夜 / <ruby>Nice<rt>ニス</rt></ruby> ニース
[ɲ] ニュ		g「グ」と同じ口の形で、息を鼻に通して発音します。
ほぼ「ニャ」「ニ」「ニュ」「ニェ」「ニョ」の発音です。日本語の「ニ」はほぼこの [ɲi] の発音です。		<ruby>champagne<rt>シャンパーニュ</rt></ruby> シャンパーニュ / <ruby>cognac<rt>コニャック</rt></ruby> コニャック / <ruby>Bourgogne<rt>ブるゴーニュ</rt></ruby> ブルゴーニュ
[l] ル		舌先を上前歯の裏の歯茎にあて、呼気を舌の両側から出して発音します。
母音をつけると、ほぼ「ラ」「リ」「ル」「レ」「ロ」の発音です。		<ruby>lire<rt>リール</rt></ruby> 読む / <ruby>ville<rt>ヴィル</rt></ruby> 町 / <ruby>loi<rt>ロワ</rt></ruby> 法律
[r] ル		舌先を下前歯の裏につけ、舌の後ろを上あごの壁に近づけ、呼気で喉を震わせて発音します。
フランス語特有の子音！うがいの要領で「ら」「り」「る」「れ」「ろ」の発音です。		<ruby>père<rt>ペーる</rt></ruby> 父 / <ruby>mère<rt>メーる</rt></ruby> 母 / <ruby>rue<rt>リュ</rt></ruby> 通り / <ruby>rose<rt>ろーズ</rt></ruby> バラ / <ruby>roi<rt>ろワ</rt></ruby> 王

＊本書では、[l] と [r] の発音を区別するために、[r] の発音はひらがなで「ら」「り」「る」「れ」「ろ」と表記しています。

もう一歩！ Un pas de plus! 注意の必要な子音の単語

英語とは異なるものもありますので、次にあげるものは注意して発音してください。

ch [ʃ] シュ	chanson シャンソン 歌	qu [k] ク	quatre カトる 4
gn [ɲ] ニュ	montagne モンターニュ 山	th [t] トゥ	thé テ 紅茶
ph [f] フ	téléphone テレフォンヌ 電話		

colonne

のばす音とのばさない音

フランス語は音をのばしてものばさなくても、意味に変わりはありません。男性形が女性形になると音をのばす単語がありますが、意味は同じです。

エステュディヤン
étudiant [etydjɑ̃] / **étudiante** [etydɑ̃:t] 名 学生
エティディヤーント

アンテリジャン
intelligent [ɛ̃teliʒɑ̃] / **intelligente** [ɛ̃teliʒɑ̃:t] 形 頭のいい、知的な
アンテリジャーント

フランス語のアクセントは基本的に単語の最後の音節にあるので、単語の最後の音節の母音が少し長く発音されているように聞こえます。語末の音が [r][z][ʒ][v][tr][vr] などで終わるとき、とくに長く発音されます。（そこに長音記号 [ː] をつける辞書もあれば、長音記号そのものを使わない辞書もあります。）

メーる
mer [mɛːr] 海

ネージュ
neige [nɛːʒ] 雪

テアートる
théâtre [teɑːtr] 劇場

ドゥーズ
douze [duːz] 12

カーヴ
cave [kaːv] 地下貯蔵庫、ワインカーヴ

リーヴる
livre [liːvr] 本

ただし、後続する単語によって長音記号がなくなる場合もあります。これはリズムグループ（＝文章で読むときの単語のまとまり）の最後の音節にアクセントが移ってしまうためです。

ユ ネテュディヤン タンテリジャーント
une étudiante intelligente 知的な学生

「（1人の）知的な（女子）学生」という意味のまとまりは途中で区切らずに読みたいので、étudiante を単体で読むときには最後の母音 [ɑ̃] にあった長音がなくなり、最後にくる単語 intelligente の最後の母音 [ɑ̃] にのみ長音が残ります。

数詞（1） 1～99までの数え方

フランス語の数字は少し複雑です。基数と序数の数え方を2回に分けて覚えましょう（数詞（2）100～の数字と序数の数え方→p.56）。

1～20									
アン(ユヌ) un(e) 1	ドゥ deux 2	トロワ trois 3	カトる quatre 4	サーンク cinq 5	スィス six 6	セット sept 7	ユイ(ユイット) huit 8	ヌフ neuf 9	ディス dix 10
オーンズ onze 11	ドゥーズ douze 12	トれーズ treize 13	カトるズ quatorze 14	カーンズ quinze 15	セーズ seize 16	ディ(ス)セットゥ dix-sept 17	ディズユイット dix-huit 18	ディズヌフ dix-neuf 19	ヴァン vingt 20

＊1のみ、男性名詞を数えるときはun、女性名詞を数えるときはune、と使い分けます。

＊11～20の覚え方のコツは、11～16は語末に-ze、17～19は語頭にdix-がつくことです。

20～99			
	20, 30, 40...	21, 31, 41...	22, 32, 42...	...
20	ヴァン vingt	ヴァン テ アン(ユヌ) vingt et un(e)	ヴァントゥ ドゥ vingt-deux	...
30	トらーントゥ trente	トらン テ アン(ユヌ) trente et un(e)	トらーントゥ ドゥ trente-deux	...
40	カらーントゥ quarante	カらン テ アン(ユヌ) quarante et un(e)	カらーントゥ ドゥ quarante-deux	...
50	サンカーントゥ cinquante	サンカン テ アン(ユヌ) cinquante et un(e)	サンカーントゥ ドゥ cinquante-deux	...
60	ソワサーントゥ soixante	ソワサン テ アン(ユヌ) soixante et un(e)	ソワサーントゥ ドゥ soixante-deux	...
70	ソワサーントゥ ディス soixante-dix	ソワサン テ オーンズ soixante et onze	ソワサーントゥ ドゥーズ soixante-douze	...
80	カトる ヴァン quatre-vingts	カトる ヴァン アン(ユヌ) quatre-vingt-un(e)	カトる ヴァン ドゥ quatre-vingt-deux	
90	カトる ヴァン ディス quatre-vingt-dix	カトる ヴァン オーンズ quatre-vingt-onze	カトる ヴァン ドゥーズ quatre-vingt-douze	

＊10の位のうち、20、30、40…など10の位には専用の単語があります。70、80、90は足し算や掛け算をして表します。

＊21、31、41…71など1の位が1のときは、「10の位 et un(e)」または「10の位 et onze」となります。ただし、81と91は例外で、etをつけず「-（トレデュニオン）」でつなぎます。

＊22～29、32～39…など1の位が1以外のときは「10の位-1の位」のように「-（トレデュニオン）」でつなぎます。

＊70台は「60＋10～19の数え方」、80台は「4×20＋1の位」、90台は「4×20＋10～19の数え方」と考えます。71（soixante et un）以外は、それぞれの数字を「-（トレデュニオン）」でつなぎます。

Chapitre 1

フランス語の
基本

文の要素と文型
phrase
<small>フらーズ</small>

🎙10

ⅢⅢⅢⅢⅢⅢⅢⅢⅢⅢⅢⅢⅢⅢⅢⅢⅢⅢⅢⅢ

　フランス語の文型や文の要素は英語と似ています。異なる点があるので整理しておきましょう。

フランス語の基本文型

　フランス語には次の6つの基本文型があります。

❶　S（主語）+ V（動詞）

❷　S + V + A（属詞）

❸　S + V + COD（直接目的補語）

❹　S + V + COI（間接目的補語）

❺　S + V + COD + COI

❻　S + V + COD + A

英語には❹の文型がありません。フランス語の文型を理解するうえで大切なポイントです。

文の要素

1 主語 sujet（スュジェ）

　動作の主体で、日本語では「〜は、〜が」と訳せます。

2 動詞 verbe（ヴェるブ）

　文章において動作や状態などを示す語で、時制によってさまざまな時を表し「〜する、〜した」のように訳すことができます。

3 属詞（英語の「補語」）attribut（アトリビュ）

　主語や直接目的補語の属性を示します。動詞を介して「〜は〜だ」「〜を〜だと思う」のように主体や直接目的補語と同格になります。

4　直接（目的）補語（英語の「直接目的語」）complément d'objet direct

　　動詞に前置詞をともなわず直接的に結びつく目的語で、日本語では「〜を」と訳せます。

5　間接（目的）補語（英語の「間接目的語」）complément d'objet indirect

　　動詞に前置詞をともなって間接的に結びつく目的語で、日本語では「〜に」と訳せます。

6　状況補語 complément circonstanciel

　　それぞれの文章に、場所・時・様態など、各種の状況的な意味づけをするための補語です。日本語では「いついつに〜」「どこどこで〜」「〜のように、〜のために」など、状況をより具体的に示すためのさまざまな訳が考えられます。次の37〜39ページにあげる文型とは関係しない、いわば修飾語です。

6つの文型

　　6つの文型について1つずつ見ていきましょう。

❶ S（主語）＋ V（動詞）（＋状況補語）

　　主語と動詞だけで成り立つ文です。動詞は自動詞です。場所や時などの状況を示すため状況補語がつくことがあります。

【例】Je vais à Paris.　　私はパリに行きます。

　　　Je travaille.　　私は仕事をしています。

❷ S（主語）＋ V（動詞）＋ A（属詞）

　　主語と属詞がイコールで結びつく文です。動詞は自動詞で、なかでも繋合動詞と呼ばれるものです。たとえば、国籍や職業をいうとき、主語は繋合動詞であるêtre でつながれて属詞と一致します。フランス語の属詞は英語の補語と同じなので、英語のSVC文型にあたります。

【例】Je suis japonais.　　私は日本人です。

　　　Je suis étudiant.　　私は学生です。

❸ **S**（主語）＋ **V**（動詞）＋ **COD**（直接目的補語）

主語と動詞だけでは成り立たない文章です。動詞は他動詞です。

この文型の動詞は、おもに「〜を」という意味の日本語にあたる直接目的補語をともないます。直接目的補語は、動詞の後ろに前置詞なしで目的語を直接的に導きます。

【例】
ジェ　　ユヌ　　ヴァリーズ
J'ai une valise.

私はスーツケースを持っています。

ジェム　　ラ　　ミュズィック
J'aime la musique.

私は音楽を好きです。

❹ **S**（主語）＋ **V**（動詞）＋ **COI**（間接目的補語）

主語と動詞だけでは成り立たない文章です。動詞は間接他動詞です（自動詞と分類される辞書もあります）。

この文型の動詞は、おもに「〜に」という意味の日本語にあたる間接目的補語をともないます。間接目的補語は、動詞の後ろに前置詞àをともなって目的語を間接的に導きます。

【例】
エル　　　　るサンブル　　ア　サ　メーる
Elle ressemble à sa mère.

彼女は母親に似ている。

イル　ジュ　ドゥ　ラ　　ギターる
Il joue de la guitare.

彼はギターを弾きます。

ただし、前置詞àではなく
前置詞deをともなう動詞
もあります。

❺ S（主語）＋ V（動詞）＋ COD（直接目的補語）＋ COI（間接目的補語）

　主語と動詞だけでは成り立たない文章です。動詞は他動詞です。この文型の動詞は、おもに「〜を」という意味の日本語にあたる直接目的補語と、おもに「〜に」という意味の日本語にあたる間接目的補語をともないます。

　直接目的語は、動詞の後ろに前置詞なしで目的語を直接的に導き、間接目的補語は、動詞の後ろに前置詞 à をともなって別の目的語を間接的に導きます。

【例】 ジョ フ る　アン　　カドー　　ア　マ　　メーる
J'offre un cadeau à ma mère.

私は母にプレゼントを贈ります。

ジャンヴォワ　　ユヌ　　レットる　ア　　　モ ナミ
J'envoie une lettre à mon ami.

私は友人に手紙を送ります。

前置詞 à ではなく、
前置詞 de をともなう
動詞もあります。

❻ S（主語）＋ V（動詞）＋ COD（直接目的補語）＋ A（属詞）

　主語と動詞だけでは成り立たない文章です。動詞は他動詞です。

　この文型の動詞は、「〜を」という意味の日本語にあたる直接目的補語をともない、そのすぐ後ろに直接目的補語の属詞を導きます。

【例】 ジュ　トるーヴ　ス　フィルム　　アンテれサン
Je trouve ce film intéressant.

私はこの映画を面白いと思う。

ジュ　　トるーヴ　　セット　　フィーユ　ジョリ
Je trouve cette fille jolie.

私はこの少女をかわいいと思う。

🎤11

肯定文と疑問文
phrase positive / phrase interrogative
<small>フらーズ　ポジティーヴ　　フらーズ　　アンテろガティーヴ</small>

肯定文の語順は英語と同じです。疑問文には３つの作り方があります。

肯定文の語順

フランス語は英語の語順と同じで、まず主語があり、次に動詞、さらに属詞や目的語や状況補語がきます。

> 動詞parlerを用いた例文については、第1群規則動詞（→ p.126）でくわしく学びます。
> <small>パるル</small>

> **S**（主語）**＋ V**（動詞）**＋ O**（目的語）または **A**（属詞）など

【肯定文】 **Je parle français.**
<small>ジュ　パるル　　フらンセ</small>

私はフランス語を話します。

次の会話文を声に出して練習してみてください。肯定文だけで会話してみましょう。

Je parle français. Et vous ? / Et toi ?
<small>ジュ　パるル　　フらンセ　　エ　ヴ　　エ　トワ</small>

私はフランス語を話します。　あなたは？ / きみは？

-Moi aussi, je parle français.
<small>モワ　オスィ　ジュ　パるル　　フらンセ</small>

- 私も、フランス語を話します。

または、

-Moi, je parle japonais.
<small>モワ　ジュ　パるル　　ジャポネ</small>

- 私は、日本語を話します。

> Et vous ?「あなたは？」（丁寧語）
> <small>エ　ヴ</small>
> あるいは
> Et toi ?「きみは？」（友だち言葉）
> <small>エ　トワ</small>
> に対しては、
> Moi aussi, ...「私も〜」か、
> <small>モワ　オスィ</small>
> Moi, ...「私は〜」と答えます。
> <small>モワ</small>

疑問文の作り方

フランス語は英語の疑問文の作り方とは異なります。作り方も３通りあるので、まずは３つの作り方を覚えてしまいましょう。

> ❶ イントネーションによる作り方
> ❷ 文頭に est-ce que をつける作り方
> ❸ 主語と動詞の倒置による作り方

❶ イントネーションによる作り方

肯定文の語順のままで、**イントネーションを変える方法**です。文章の後ろを上げて発音します。

最もカジュアルな疑問文の作り方です。

【疑問文1】 **Vous parlez français ?**

あなたはフランス語を話しますか？

❷ 文頭に est-ce que をつける作り方

肯定文の**文頭に est-ce que をつける方法**です。文のはじめから疑問文であることをはっきりと伝えられます。

カジュアルにも丁寧にも使える標準的な疑問文の作り方です。

【疑問文2】 **Est-ce que vous parlez français ?**

あなたはフランス語を話しますか？

❸ 主語と動詞の倒置による作り方

主語と動詞を倒置して疑問文を作る方法です。主語が人称代名詞の場合は、動詞と主語を連結符「- トレデュニオン（英語のハイフン）」でつなぎます。

話し言葉だけでなく、書き言葉でも用いられる最も丁寧な疑問文の作り方です。

【疑問文3】 **Parlez-vous français ?**

あなたはフランス語を話しますか？

疑問文の答え方

疑問文には、Oui「はい」またはNon「いいえ」で答えます。

【答え方】 Oui, je parle (un peu) français.

はい、私はフランス語を（少し）話します。

Non, je parle japonais.

いいえ、私は日本語を話します。

> 疑問文に対しては、
> Oui（肯定）「はい」
> または
> Non（否定）「いいえ」
> で答えます。

話してみよう！
Parlons ensemble!　3つの疑問文の作り方で「英語を話しますか？」と尋ねてみましょう。

❶ イントネーションによる作り方

Vous parlez anglais ?　　　　あなたは英語を話しますか？

❷ 文頭に est-ce que をつける作り方

Est-ce que vous parlez anglais ?　あなたは英語を話しますか？

❸ 主語と動詞の倒置による作り方

Parlez-vous anglais ?　　　　あなたは英語を話しますか？

次のように尋ねられたら、どう答えればよいでしょうか。

Est-ce que vous parlez chinois?　あなたは中国語を話しますか？

3つのどの疑問文で尋ねられても、次のように答えればいいのですね。

-Oui, je parle chinois.　- Non, je parle japonais.

- はい、中国語を話します。　　　- いいえ、日本語を話します。

42

もう一歩！ Un pas de plus! 疑問詞を使う疑問文の作り方

フランス語の疑問詞には次のようなものがあります。

que 何 _ク	**qui** 誰 _キ	**où** どこに _ウ	**quand** いつ _{カン}
comment どのように _{コマン}	**combien** いくら（どのくらい） _{コンビヤン}	**pourquoi** なぜ _{ぷるコワ}	**quel** どんな _{ケル}

それぞれの使い方は、疑問形容詞・疑問副詞・疑問代名詞（→p.92〜105）で学習します。ここではまず、疑問詞を使う疑問文も、疑問詞を使わない疑問文を基本に作られていることを覚えておきましょう。

❶ イントネーションによる作り方

Vous habitez où ? （ヴ ザビテ ウ）↗　　あなたはどこに住んでいますか？

❷ 文頭に est-ce que をつける作り方

Où est-ce que vous habitez ? （ウ エ ス ク ヴ ザビテ）　あなたはどこに住んでいますか？

❸ 主語と動詞の倒置による作り方

Où habitez-vous ? （ウ アビテ ヴ）　あなたはどこに住んでいますか？

　これらの３つの例文は、それぞれ３つの疑問文の作り方でできている、どれも同じ意味の文章です。ただし、疑問詞を使う疑問文の場合、疑問詞の位置が変わるので気をつけましょう。❶のみ肯定文と同じ語順でなければならないため疑問詞 où は状況補語の位置のまま文章の後ろに残ります。❷と❸については疑問詞 où は文章の一番前に出します。où 以外のほかの疑問詞も同様の考え方です。

> habiter は「住む」という規則動詞です。
> 主語が je「私は」のとき、j'habite「私は〜に住む」、
> 主語が vous「あなたは」のとき、vous habitez「あなたは住む」と活用します。
> Où habitez-vous ?「あなたはどこに住んでいますか？」
> J'habite à Paris.「私はパリに住んでいます」
> こんなふうに会話ができますね！

🎤12

否定文
フらーズ　ネガティヴ
phrase négative

|||||||||||||||||||||||||||||||||||||||||||||||||||||||||||||||||||||||||||||||

　肯定文から否定文を作れるようになりましょう。否定の疑問文も作れます。否定疑問文の答え方は英語と異なるので注意が必要です。

否定文の作り方

動詞 parler を用いた例文については、第1群規則動詞（→p.126）でくわしく学びましょう！

　肯定文の動詞を ne と pas ではさむことで、「〜ではない」（「〜（し）ません」）という否定文を作ることができます。

> **S（主語）＋ ne ＋ V（動詞）＋ pas**
>
> n'（動詞が母音または無音の h で始まるとき）

【肯定文】**Je parle français.**　　私はフランス語を話します。

⬇

【否定文】**Je ne parle pas français.**　私はフランス語を話しません。

話してみよう！
Parlons ensemble!
次の会話文を声に出して練習してみてください。否定文も使って会話してみましょう。

【例】**Je ne parle pas français. Et vous ? / Et toi ?**

　私はフランス語を話しません。　あなたは? / きみは?

　- Moi non plus, je ne parle pas français.

　- 私も、フランス語を話しません。

　- Moi, je parle japonais.

　- 私は、日本語を話します。

Et vous ?「あなたは?」（丁寧語）
Et toi ?「きみは?」（友だち言葉）
に対しては、
Moi aussi, ...「私も〜」か、
Moi non plus, ...「私も〜ではない」
Moi, ...「私は〜」と答えます。

44

否定疑問文の作り方

否定の疑問文の作り方は、疑問文の作り方と同様で3通りあります。

> ❶ イントネーションによる作り方
> ❷ 文頭に est-ce que をつける作り方
> ❸ 主語と動詞の倒置による作り方

次の否定文から3通りの否定疑問文を作ってみましょう。

【否定文】Vous ne parlez pas français.

あなたはフランス語を話しません。

❶ イントネーションによる作り方

否定文の語順のままで、**イントネーションを変える方法**です。文章の後ろを上げて発音します。最もカジュアルな疑問文の作り方です。

【否定疑問文1】Vous ne parlez pas français ?

あなたはフランス語を話しませんか？

❷ 文頭に est-ce que をつける作り方

否定文の**文頭に est-ce que をつける方法**です。文のはじめから疑問文であることをはっきりと伝えられます。カジュアルにも丁寧にも使える標準的な疑問文の作り方です。

【否定疑問文2】Est-ce que vous ne parlez pas français ?

あなたはフランス語を話しませんか？

❸ 主語と動詞の倒置による作り方

主語と動詞を倒置して否定疑問文を作る方法です。主語が人称代名詞の場合は、動詞と主語を連結符「- トレデュニオン（英語のハイフン）」でつなぎます。

話し言葉だけでなく、書き言葉でも用いられる最も丁寧な疑問文の作り方です。

【否定疑問文3】Ne parlez-vous pas français ?

あなたはフランス語を話しませんか？

否定疑問文の答え方

　否定疑問文には、**Si** スィ または **Non** ノン で答えます。肯定の疑問文の答え方 Oui ウィ や Non とは異なります。英語の答え方や日本語の意味とも違うので気をつけましょう。

【答え方】 **Si, je parle (un peu) français.**
スィ ジュ パルル アン ブ フランセ

いいえ、私はフランス語を（少し）話します。

Non, je ne parle pas (très bien) français.
ノン ジュ ヌ パルル パ トれ ビヤン フランセ

はい、私はフランス語を（あまりよく）話しません。

> 否定疑問文に対しては、
> Si,… スィ（肯定文）.「いいえ、…」と答えるか
> Non, … ノン（否定文）.「はい、…」と答えます。
> Si スィ が「いいえ」で、Non ノン が「はい」になるの？
> と混乱してしまいそうですが、
> 文の意味をよく考えて使いこなしてくださいね。

　3つの疑問文の作り方で「英語は話しませんか？」と尋ねてみましょう。

❶ イントネーションによる作り方

Vous ne parlez pas anglais ?　　　あなたは英語は話しませんか？
ヴ ヌ パルれ パ アングレ

❷ 文頭に est-ce que エ ス ク をつける作り方

Est-ce que vous ne parlez pas anglais ?　　　あなたは英語は話しませんか？
エ ス ク ヴ ヌ パルれ パ アングレ

❸ 主語と動詞の倒置による作り方

Ne parlez-vous pas anglais ?　　　あなたは英語は話しませんか？
ヌ パルれ ヴ パ アングレ

　次のように尋ねられたら、どう答えればよいでしょうか。

Est-ce que vous ne parlez pas italien?　　　あなたはイタリア語を話しませんか？
エ ス ク ヴ ヌ パルれ パ イタリヤン

　3つのどの疑問文で尋ねられても、次のように答えればいいのですね。

- Si, je parle italien.　　　**- Non, je ne parle pas italien.**
スィ ジュ パルル イタリヤン　　　ノン ジュ ヌ パルル パ イタリヤン

- いいえ、イタリア語を話します。　　　- はい、イタリア語を話しません。

 **さまざまな否定の表現**

フランス語の否定の表現には次のようなものがあります。

ヌ　　　バ **ne ～ pas**	～ない		ヌ　　　プリュ **ne ～ plus**	もう～ない	
ヌ　　　ジャメ **ne ～ jamais**	決して～ない		ヌ　　　ゲーる **ne ～ guère**	ほとんど～ない	
ヌ　　　ぺるソンヌ **ne ～ personne**	誰も～ない		ヌ　　　リヤン **ne ～ rien**	何も～ない	
ヌ　　　ク **ne ～ que …**	…しか～ない		ヌ　　　オキャン(オキュヌ) **ne ～ aucun(e)**	どんな～もない	

練習問題 Exercices

1 日本語訳に合うように、次の（　　　）内に適する語を入れましょう。

❶ **Je ne suis (　　　　　) étudiant.** 　私は学生ではありません。

❷ **Je ne suis (　　　　　) étudiant.** 　私はもう学生ではありません。

❸ **Il ne prend (　　　　　) de café.** 　彼はコーヒーを決して飲みません。

❹ **Elle ne prend (　　　　) de café.** 　彼女はコーヒーをほとんど飲みません。

❺ **Je ne connais (　　　　).** 　私は誰も知りません。

❻ **Je ne mange (　　　　).** 　私は何も食べません。

❼ **Je ne mange (　　　　) des légumes.** 　私は野菜しか食べません。

....

《解答》 1 ❶ pas 　❷ plus 　❸ jamais 　❹ guère
　　　　　 ❺ personne 　❻ rien 　❼ que

🎤13

命 令 文
アンペらティフ
impératif

||||||||||||||||||||||||||||||||||||||||||||||||||||||||||||||||||||||||||||||||||||||||

命令文は、単に命令するときだけでなく、依頼や勧誘の表現としても使えます。

命令文の作り方
/////////////////////

　英語と同じように、主語を取って動詞から始まる文を作ります。ただし、英語と異なり、話しかける人（＝主語）に応じて、3つの種類の命令文ができます。

● 命令文の3つのマジックボックス

　現在形の文章から主語を取り、動詞から始まる文章を作ります（主語と動詞については、72〜75ページでくわしく学んでいきます）。

　主語が1人称単数および、3人称単数・複数では命令することができません。

　1人称複数および、2人称単数・複数に対してのみ、それぞれの活用形に応じた命令形ができます。

	単 数 形	複 数 形
	バるレ **parler** 話す	
1人称	ジュ　バる **Je parle** 私は話します。	ヌ　　バるロン　　　　　バるロン **Nous parlons !** →**Parlons !** 私たちは話します。　　話しましょう!
2人称	テュ　バる　　　　バる **Tu parles !** →**Parle !** きみは話します。　話して!	ヴ　　バるレ　　　　　バるレ **Vous parlez !** →**Parlez !** あなた（たち）は話します。話してください!
3人称（男性） 3人称（女性）	イル　エル　バる **Il / Elle parle !** 彼/彼女は話します。	イル　エル　バる **Ils / Elles parlent !** 彼ら/彼女たちは話します。

＊第1群規則動詞（-er動詞）および動詞allerの場合のみ、tuの命令形は活用語尾 -es から -s を取り -e となります。

＊動詞être, avoir, savoirなどの命令文は特別な形をとります（接続法現在から形をつくります）。くわしくは本書巻末の『動詞活用表』を参考にしてください（→p.214-223）。

❶ 2人称単数 tu（テュ）に対して 「（きみは）〜して！」
❷ 2人称複数 vous（ヴ）に対して 「（あなたは、あなたたちは）〜してください！」
❸ 1人称複数 nous（ヌ）に対して 「（私たちは）〜しましょう！」

話してみよう！ Parlons ensemble! それぞれ命令文にしてみましょう。

❶ tu（テュ）に対して

【例】 (Tu) parles.　　　（きみは）話します。

➡ Parle !（バルル）　　　話して！

❷ vous（ヴ）に対して

【例】 (Vous) parlez.　　　（あなた［たち］は）話します。

➡ Parlez !（バルレ）　　　話してください！

❸ nous（ヌ）に対して

【例】 (Nous) parlons.　　　（私たちは）話します。

➡ Parlons !（バルロン）　　　話しましょう！

もう一歩！ Un pas de plus! 丁寧な依頼ができる命令文

　やわらかい語調でお願いするように発音することで、「〜しなさい」という強い命令ではなく、「〜してください」と依頼するように伝えることができます。

　とくに、文の末尾に s'il te plaît（スィル トゥ プレ）（tu に対して）、s'il vous plaît（スィル ヴ プレ）（vous に対して）をつけることで、「お願いします」という依頼の気持ちをしっかり示すことができます。

【例】Parle plus lentement, (s'il te plaît).
（バルル　プリュ　ラントゥマン　スィル トゥ プレ）

　　　もっとゆっくり話して（、お願い）。

Parlez plus fort, (s'il vous plaît).
（バルレ　プリュ　フォール　スィル ヴ プレ）

　　　もう少し大きな声で話してください（、お願いします）。

🎤14

提示の表現(1)
C'est 〜 .「これは〜です。」
_セ

||||||||||||||||||||||||||||||||||||||||||||||||||||||

「〜」に形容詞や名詞を入れて、「これは〜です」と伝えられる表現です。

C'est 〜 .「これは〜です。」
_セ

主語と動詞でc'est 〜「これ（それ、あれ）は〜です」という文章です。便利な定型表現としてこのまま覚えてしまいましょう。

> ### C'est 〜 .　これ（それ、あれ）は〜です。
> _セ

c'est 〜に下記の形容詞を入れて、いろいろな思ったことを伝えてみましょう。

語彙
Vocabulaire! 感想や感情を伝えるのに役立つさまざまな形容詞

ボン **bon**	モヴェ **mauvais**	ジョリ **joli**	ボー **beau**
よい、おいしい	悪い、まずい	きれい	美しい
マニフィック **magnifique**	スュペーる **super**	アンテれサン **intéressant**	アミュザン **amusant**
素晴らしい	すごい	興味深い	おもしろい
シェーる **cher**	ニュル **nul**	アンニュイユー **ennuyeux**	ファティガン **fatigant**
値段が高い	無価値だ、0だ	退屈だ、困った	疲れる

【例】 **C'est bon !** これはおいしいです！
_セ _{ボン}

　　　　↑日本語で「（これ、）おいしいね！」というように使えます。

 **C'est ～（名詞）の場合**

　c'est ～. の文に名詞を入れて「これは～です」と物や事柄を提示することもできます。名詞が単数のときと複数のときで定型文の形が変わります。名詞には冠詞が必要になる点にも気をつけましょう（→p.62）。

主語	＋	動詞	＋	名詞
C'		est		～名詞（単数）
Ce		sont		～名詞（複数）

単数 **C'est ～ .** ➡ 複数 **Ce sont ～ .**

これは～です。　　　　　　　　これらは～です。

＊ce は「これ（ら）、それ（ら）、あれ（ら）」という意味で、単数にも複数にも、近いものにも遠いものにも使えます。ce は後ろに母音で始まる動詞がくると、エリジョンして c' の形になります（→p.116）。

＊動詞 être「～である」は、主語が単数の場合は est に、複数の場合は sont に活用（→p.75）。

＊～に提示したい名詞や形容詞などが入ります。

【例】 **C'est le musée du Louvre.**　　それがルーヴル美術館だよ。

- **C'est grand !**　　　　　　　- これは大きいな！

　＊le musée du Louvre は「ルーヴル美術館」です。固有名詞には定冠詞 le がつきます（→p.63）。

C'est qui ?　　　　　　　　　これは誰ですか？

- **Ce sont mes parents.**　　- （これらは）私の両親です。

　＊qui は「誰？」という疑問詞です（→p.43,102）。parents は「両親」、複数形で使います。冠詞の代わりに所有形容詞「私の」（mon, ma, mes）がついています（→p.88）。

 練習問題 Exercices

1 次の（　　　）内に適する語を入れましょう。

① **C'est 10 euros.**　　　　　　 - **C'est (　　　　　)!**

これは10ユーロです。　　　　　 -（それは）高いなぁ！

② **C'est un gâteau au chocolat ?**　- **Oui, c'est (　　　　)!**

それはチョコレートケーキ？　　　 -うん、これ、おいしいよ！

《解答》 **1** ❶ cher　　❷ bon

提示の表現（2）
Il y a 〜 .「〜があります。」
イ リ ヤ

「〜」の部分に名詞を入れて、「〜があります」と物を提示する表現です。

Il y a 〜.「〜があります。」
イ リ ヤ

Il y a〜. は便利な定型表現としてこのまま覚えてしまいましょう。
イ リ ヤ

> **Il y a 〜 .**　　〜があります。
> イ リ ヤ

＊Il y a〜「〜があります」は、非人称構文の１つ。くわしくは第４章で学びます（→p.180）。
イ リ ヤ

＊〜に提示したい物や事柄を示す名詞が入ります。名詞には冠詞をつけます（→p.62-64）。

【例】**Il y a un restaurant.**　　（1軒の）レストランがあります。
イ リ ヤ アン　　れストラン

Il y a 〜.の疑問文と否定文の作り方
イ リ ヤ

Il y a〜. の表現は日常的によく使うので、肯定文に加えて疑問文と否定文の形もそのまま覚えてしまいましょう。疑問文の形は３つできます。
イ リ ヤ

【肯定文】**Il y a un match de football demain.** （明日）サッカーの試合があります。
イ リ ヤ アン　マッチ　ドゥ　フトボール　　ドゥマン

【疑問文】**Il y a un match de football demain ?** ↗
イ リ ヤ アン　マッチ　ドゥ　フトボール　　ドゥマン

（イントネーション による作り方）

Est-ce qu,il y a un match de football demain ?
エ ス キ リ ヤ アン　マッチ　ドゥ　フトボール　　ドゥマン

（文頭に Est-ce que をつける作り方）

Y a-t-il un match de football demain ?
イ ヤ ティ ル アン　マッチ　ドゥ　フトボール　　ドゥマン

（主語と動詞を倒置する作り方）

（明日）サッカーの試合がありますか？

【否定文】**Il n'y a pas de match de football demain.**
イ ル ニ ヤ パ ドゥ　マッチ　ドゥ　フトボール　　ドゥマン

（明日）サッカーの試合はありません。

もう一歩！ Un pas de plus! 場所を表す前置詞と前置詞句

Il y a ～. の文は、場所を表す前置詞を使って、提示したい物の場所を具体的に示すことができます。

場所を表す前置詞と前置詞句			
スューる **sur** の上に	スー **sous** の下に	ダン **dans** の中に	アントる **entre** の間に
ドゥヴァン **devant** の前に	デリエール **derrière** の後ろに	プれ ドゥ **près de** の近くに	ロワン ドゥ **loin de** の遠くに

【例】 イ リ ヤ アン ボン れストラン ジャポネ ドゥヴァン ラ ガール
Il y a un bon restaurant japonais devant la gare.

駅の前においしい和食のレストランがあります。

＊名詞 restaurant「レストラン」の前に冠詞 un（→p.62）、と形容詞 bon「おいしい」（→p.66）がついています。

＊前置詞＋場所を示す名詞で、場所を特定して示すことができます。

イ リヤ ボクー ドゥ ジャン ダン ル スタード
Il y a beaucoup de gens dans le stade ?

スタジアムには人がたくさんいるかな？

ウィ セるテンヌモン
- Oui, certainement.

－うん、おそらくね。

＊ beaucoup de ～「たくさんの～」、beaucoup de gens「たくさんの人々」。

練習問題 Exercices

1 次の（　　　）内に適する語を入れましょう。

❶ **Qu'est-ce qu'il y a ?**　　　**- Il y a un accident (　　　) la gare.**

どうしたの？（何かあるの？）　　　－ 駅の近くで事故が起きた。

❷ **Qu'est-ce qu'il y a là-bas ?**　**- Il y a un château (　　　) le parc.**

あちらに何がありますか？　　　－ 公園の後ろにお城がありますよ。

《解答》 **1** ❶ près de　　❷ derrière

🎤16

提示の表現(3)
Voici 〜 ./ Voilà 〜 .「ほら、〜です。」
ヴォワスィ　　　　　　ヴォワラ

「〜」に名詞を入れて、「ほら〜です」と相手の注意をひくときの表現です。

Voilà 〜 .「ほら、〜です」
ヴォワラ

　主語と動詞の働きをあわせもった提示詞を使った、Voilà 〜.「ほら、〜です」
という文章です。便利な定型表現としてこのまま覚えてしまいましょう。

> **Voilà 〜（名詞）.**　　ほら、〜です。
> ヴォワラ

【例】Voilà la tour Eiffel !
ヴォワラ　ラ　トゥー　れッフェル

　ほら、エッフェル塔です！
　↑日本語で「(ほら)エッフェル塔だ！」というように覚えます。

語彙 Vocabulaire! さまざまな間投詞

　Voilà は物を指し示す提示詞としてだけでなく、間投詞としてもよく使われま
ヴォワラ
す。日常よく使うほかの間投詞もあわせて覚えておきましょう。

Voilà ! ヴォワラ	**Tiens !** ティヤン	**Et bien...** エ ビアン	**Ah bon !** ア ボン
ほらね！/ はい、ど うぞ！/ 以上です！	おや！（驚き）/ ほら！	その…	あっそう！/ へえ！/ えっ！本当?（強い驚き）

54

もう一歩！ Un pas de plus!　Voici 〜 et voilà 〜 . 遠近の対比

Voilà（ヴォワラ）〜の表現は、人・物、遠近の区別なく使うことができます。2つの物を対比して指し示すときは、時間的・空間的に近い物に Voici（ヴォワスィ）〜 . を、遠い物に Voilà（ヴォワラ）〜 . を使います。2つをそろえて使うと対比的に示すこともできます。

> **Voici（ヴォワスィ） A（名詞） et voilà（エ ヴォワラ） B（名詞） .**　こちらにA、あちらにBがあります。

＊voici（ヴォワスィ）〜も voilà（ヴォワラ）〜も主語と動詞の機能を兼ね備えた副詞で、提示の表現を作るので提示詞と呼ばれることもあります。〜に提示したい名詞を入れます。

＊必ずしも遠近を区別する必要がないときは、一般的に voilà（ヴォワラ）がよく使われます。voici（ヴォワスィ）を用いると丁寧な言い方になります。

＊voici（ヴォワスィ）も voilà（ヴォワラ）も疑問文や否定文としては用いません。

【例】**Voici un billet et voilà une carte.**（ヴォワスィ アン ビエ エ ヴォワラ ユヌ カルト）〈遠近の対比〉

こちらが切符、あちらがマップです。（←こちらに切符、あちらにマップがあります。）

Voilà le grand magasin.（ヴォワラ ル グラン マガザン）〈一般的〉　あちらにデパートがあります。

　＊「ほら、あちらに〜がありますよ」のように、話しかける相手の注意をひく言い方です。

Voici mon passeport.（ヴォワスィ モン パスポーる）〈丁寧〉　こちらが私のパスポートです。

　＊物の受け渡しに使える表現です。丁寧に「はい（どうぞ）〜です」のようなニュアンスです。

練習問題 Exercices

1 日本語訳に合うように、　の単語の順番を並べ替えて空欄に入れましょう。

❶ ＿＿＿＿＿＿＿＿＿＿＿＿＿＿＿＿＿＿＿＿＿＿＿＿ ! 　春が来た！

　| le / printemps / voilà |　　　　　＊le printemps（ル プランタン）「春」

❷ ＿＿＿＿＿＿＿＿＿＿＿＿＿＿＿＿＿＿＿＿＿＿＿＿＿＿ .

　こちらにセーヌ川、あちらに（パリの）ノートルダム大聖堂があります。

　| et / voici / voilà / la Cathédrale Notre-Dame de Paris / la Seine |

　　　　　　　　　　　　　　＊la Cathédrale Notre-Dame「ノートルダム大聖堂」

《解答》　1　❶ Voilà le printemps !

　　　　　　　❷ Voici la Seine et voilà la Cathédrale Notre-Dame de Paris.

数詞（2）100 ～の数字と序数の数え方

100 ～の数字と序数の数え方を見てみましょう（数詞（1）1 ～ 99 までの数え方 →p.34）。

100, 1.000, 10.000		
サン **cent(s)** 100	ミル **mille** 1.000	ディ　ミル **dix mille** 10.000

＊100 は cent(s)、200 は deux cents と複数にします。

＊1.000 は mille、2.000 は deux mille です。mille は不変でつねに単数扱いです。

＊10.000 は dix mille です。やはり mille は単数扱いです。

＊3 桁ごとに mille, million, milliard など新しい単位となります。1.000.000 のように桁を区切るには . (ピリオド) を用います。なお、0,5 など小数点には ,（カンマ）を用います。

序数の数え方					
1 番めの	**1^{er(ère)}**	プるミエ　　　プるミエール **premier / première**	2 番めの	**2e**	ドゥズィエム　　　スゴン（ズゴーンド） **deuxième /second(e)**
3 番めの	**3e**	トろワズィエム **troisième**	4 番めの	**4e**	カトリエム **quatrième**
5 番めの	**5e**	サンキエム **cinquième**	6 番めの	**6e**	スィズィエム **sixième**
7 番めの	**7e**	セティエム **septième**	8 番めの	**8e**	ユイティエム **huitième**
9 番めの	**9e**	ヌヴィエム **neuvième**	10 番めの	**10e**	ディズィエム **dixième**

＊序数「～番め（の）」は、原則として基数の最後に -ième をつけます。（ただし、語末が -e で終わるものは e を取り、cinq は語末に u を加え、neuf は f を v に変えます。）

＊「1 番めの」は男性形（premier）と女性形（première）の区別があります。

＊「2 番めの」は deuxième という言い方と second(e) という別形があります。

＊省略形の形で、たとえば troisième を 3e のように書きます。ただし premier (première) の場合のみ 1er (ère) と書きます。

日にちの1日は、必ず序数を使います（→p.178）。

Chapitre 2

品詞の基本

🎙17

名　詞
nom
ノン

名詞は「物」の名称を示す品詞です。特徴は文法上の男女の区別があることです。

名詞の性(1) 男性名詞と女性名詞

　フランス語の名詞には男性名詞と女性名詞の区別があります。もともと自然に性の区別があるものはその性別に準じますが、自然には性の区別がない名詞は文法上の決められた性があり、会話の中で覚えたり、辞書で調べて覚えます。

　辞書には、男性名詞に「n.m.」、女性名詞に「n.f.」の記号がついています（n. は nom [名詞]、m. は masculin [男性]、f. は féminin [女性]の頭文字）。日本語で男や女という記号がついている辞書もあります。
マスキュラン
フェミナン
ノン

名詞の性の覚え方にはコツがあります。冠詞の項目で確認しましょう（→ p.62-63）。

	名詞の性			
	男性名詞		**女性名詞**	
もともと性の区別がある名詞	père ぺーる	父	mère メーる	母
	fils フィス	息子	fille フィーユ	娘
	frère フれーる	兄・弟	sœur スーる	姉・妹
自然には性の区別がない名詞	Japon ジャポン	日本	France フらーンス	フランス
	croissant クろワサン	クロワッサン	baguette バゲット	フランスパン
	vin ヴァン	ワイン	bière ビエーる	ビール

＊国名などの固有名詞は英語と同じように最初の文字を大文字で書きます。

名詞の性(2) 男性形と女性形

//

　自然に性の区別がある名詞の多くは、同じ単語を男性形と女性形として使い分けます。基本的に、男性形の単語の最後に -e をつけると女性形になります。

男性形 + -e^ウ → 女性形

男 性 形		女 性 形	
エテュディヤン **étudiant**	男子学生	エテュディヤーント **étudiante**	女子学生
ジャポネ **Japonais**	日本人男性	ジャポネーズ **Japonaise**	日本人女性
フランセ **Français**	フランス人男性	フランセーズ **Française**	フランス人女性

＊単語の最後が子音で終わる単語は、男性形では語末の子音を発音しませんが、女性形では -e がつくことで語末の子音ではなくなるためその子音まで発音します。気をつけましょう！

もう一歩！ Un pas de plus! 例外的な女性形の作り方

//

　女性形の作り方が例外的なパターンの名詞もあります。あらかじめ覚えてしまうと便利なので、おもなパターンをあげておきます。

> パターン❶　男性形の最後の子音を重ねて -e をつける
> パターン❷　男性形の最後の -er を -ère に変える
> パターン❸　男性形の最後の -eur を -euse、-teur を -trice に変える
> パターン❹　男性形の最後の -x を -se に変える
> パターン❺　男女同形

パティスィエ
pâtissier　　パティスィエール
pâtissière

	男 性 形		女 性 形	
❶	リセアン **lycéen**	男子高校生	リセエンヌ **lycéenne**	女子高校生
❷	パティスィエ **pâtissier**	男性菓子職人	パティスィエール **pâtissière**	女性菓子職人
❸	アクトゥーる **acteur**	男優	アクトリス **actrice**	女優
❹	エプー **époux**	男性の配偶者	エプーズ **épouse**	女性の配偶者
❺	プロフェスーる **professeur**　教師			

＊現在では、professeure（女性教師）を使う場合もあります。

名詞の数

フランス語の名詞は、英語と同じように、すべての名詞に単数形と複数形の区別があります。多くの場合、**単数形に -s をつけると複数形になります。**

単　数		複　数	
アン　カフェ **un café**	1杯のコーヒー	ドゥー　カフェ **deux cafés**	2杯のコーヒー
アン　クロワサン **un croissant**	1つのクロワッサン	トロワ　クロワサン **trois croissants**	3つのクロワッサン

＊語尾のsはもともと発音しないので、名詞の発音そのものは変わりません。

ただし、男性形と女性形の区別がある名詞は〈男性単数形＋ s →男性複数形〉、〈男性単数形＋ es →女性複数形〉のようになります。

	エテュディヤン **étudiant**　学生			
	単　数		複　数	
男性形	ア ネテュディヤン **un étudiant**	1人の男子学生	ドゥ ゼテュディヤン **deux étudiants**	2人の男子学生
女性形	ユ ネテュディヤーント **une étudiante**	1人の女子学生	トロワ ゼテュディヤーント **trois étudiantes**	3人の女子学生

＊数字の後に母音や無音のhで始まる単語が続くと、リエゾンやエリジョンが起こるので発音に気をつけましょう！（→p.14-15）

 例外的な複数形の作り方

複数形の作り方が例外的なパターンの名詞もあります。覚えてしまいましょう。

> パターン❶ -s, -z, -xで終わるものは不変
> パターン❷ -au, -eau, -euで終わるものは-xをつける
> パターン❸ 語尾のつづりを一部変えて-xをつける

例外的な複数形の作り方は
形容詞（→p.67）でも出てきますよ。

名詞のまとめ 〈名詞は性と数の区別で4変化する!〉

　フランス語では名詞に**性数4つの区別**と使い分けが必要です。つねに次の図のような4つのマスからできている表を頭の中に思い浮かべましょう。この4つの〈マジックボックス〉を使いこなすことが今後の勉強のポイントです。

● 名詞の4つの〈マジックボックス〉

étudiant 学生		
	単　数	**複　数**
男性形	エテュディヤン étudiant	エテュディヤン étudiants
女性形	エテュディヤーント étudiante	エテュディヤーント étudiantes

練習問題 Exercices

1 辞書などを使って、次の名詞を調べてみましょう。日本語の意味を（　　）に、男性名詞か女性名詞かを［　　］に［男］［女］のように書き入れましょう。

❶ ananas（　　　　）［　　］　　❷ pomme（　　　　　）［　　］

❸ montre（　　　　）［　　］　　❹ livre（　　　　　）［　　］

❺ pantalon（　　　　）［　　］　　❻ chemise（　　　　）［　　］

2 次の名詞を男性形から女性形に書き換えてみましょう。

❶ Japonais（　　　　　　）　　❷ Français（　　　　　　）

❸ acteur（　　　　　　）　　❹ parisien（　　　　　　）

❺ chanteur（　　　　　　）　　❻ médecin（　　　　　　）

《解答》　**1** ❶（パイナップル）［男］　　❷（リンゴ）［女］　　❸（腕時計）［女］

❹（本）［男］　　❺（ズボン）［男］　　❻（シャツ）［女］

2 ❶Japonaise （女性の日本人）　❷Française （女性のフランス人）

❸actrice （女優）　　❹parisienne （女性のパリの人、パリっ子）

❺chanteuse （女性歌手）　❻médecin、またはfemme médecin＊ （女医）

　＊男女同形の名詞なので女性にも男性形と同じまま用います。とくに区別する必要がある
　ときはfemme「女性」という単語を前につけてfemme médecin「女医」ということが
　できます。

🎤 18

冠　詞
アるティクル
article

頭に冠をかぶせるように、名詞の前には冠詞をつけます。3種類あります。

冠　詞

フランス語の名詞には性の区別（男性と女性）があるので、冠詞にも性に応じた形があります。また数の区別（単数と複数）もあるので、冠詞も名詞と同じように4つのボックスをつねに頭にイメージしましょう。

（1）不定冠詞

1種類めの冠詞は、会話のなかにはじめて出てくる名詞につく「不定冠詞」です。名詞を限定せずに〈不定〉のまま話題にしているので「不定冠詞」といい、単数の名詞につくと「あるひとつの〜」、複数の名詞につくと「いくつかの〜」というニュアンスを帯びます。

	単数	複数
男性	アン **un**　ある1つの〜	デ **des**　いくつかの〜
女性	ユヌ **une**　ある1つの〜	

名詞が男性名詞か女性名詞かを覚えるのも大変なので、はじめて出会う単語はその単語だけで覚えずに、冠詞をつけて名詞をまるごと覚えてしまうのが習得への早道です。覚える秘訣は音感と口調。練習してみましょう。

	単数	複数
男性	アン　　バンタロン **un pantalon**　（ある1着の）ズボン	デ　　ショスューる **des chaussures** （何足かの）靴
女性	ユヌ　ジュップ **une jupe**　（ある1着の）スカート	

（2）定冠詞

2種類めの冠詞は、すでに話題にしていたり、特定のものをイメージさせる名詞につく「定冠詞」です。名詞を〈特定〉あるいは〈限定〉して話題にするので「定冠詞」といい、単数の名詞につくと「その〜」、複数の名詞につくと「それらの〜」というニュアンスを帯びます。

なお、名詞を総称（全体）としてとらえ、「〜というもの」というニュアンスを帯びる使い方もあります。

	単数	複数
男性	**le (l')** * ル その〜	**les** レ それらの〜
女性	**la (l')** * ラ その〜	

＊後ろに続く名詞の最初の文字が母音または無音のhで始まる場合には、le→l'、la→l'とエリジョンした形であるl'を用います。

こちらも冠詞をつけて名詞をまるごと覚えるのが、男性名詞と女性名詞を覚えるコツです。覚えるまで耳と口を使って何度も練習しましょう。

	単数	複数
男性	**le vélo** ル ヴェロ （その）自転車	**les motos** レ モト
女性	**la voiture** ラ ヴォワテューる （その）車	（それらの）バイク

	単数	複数
男性	**l'aéroport de Nice** ラエロポーる ド ニス ニースの空港	**les stations de métro** レ スタスィヨン ド メトロ
女性	**l'université de Paris** リュニヴェるスィテ ド パリ パリ大学	メトロの駅

前置詞 de 〜は「〜の」の意味で
英語のofと同じ働き（特定、限定）をします。
名詞+前置詞 de 〜「〜の…」のように
名詞が特定化、限定化されます。

（3）部分冠詞

3種類めとなる冠詞は、数えられない名詞につく「部分冠詞」です。この冠詞は物質名詞や集合名詞などの数えられない場合の名詞につけて「いくらかの〜」あるいは「若干量の〜」というニュアンスを帯びます。

	単数	複数
男性	<ruby>du<rt>デュ</rt></ruby> (de l’) ＊　　いくらかの量の〜	なし （数えられない名詞につくので 複数の概念はありません）
女性	<ruby>de la<rt>ドゥ ラ</rt></ruby> (de l’) ＊　　いくらかの量の〜	

＊後ろに続く名詞の最初の文字が母音または無音のhで始まる場合には、<ruby>du<rt>デュ</rt></ruby>→de l’、<ruby>de la<rt>ドゥ ラ</rt></ruby>→de l’とエリジョンした形であるde l’を用います。

物質名詞の液体や食材などに部分冠詞をよく用います。例を声に出して発音してみましょう。

男性	<ruby>du vin<rt>デュ ヴァン</rt></ruby>（いくらかの量の）ワイン, <ruby>de l’argent<rt>ドゥ るジャン</rt></ruby>（いくらかの量の）お金
女性	<ruby>de la bière<rt>ドゥ ラ ビエーる</rt></ruby>（いくらかの量の）ビール, <ruby>de l’eau<rt>ドゥ ロ</rt></ruby>（いくらかの量の）水

冠詞のまとめ 〈名詞の頭に"冠"を忘れずに！冠詞は3種類！〉

	不定冠詞 数えられる名詞につく		定冠詞 数えられる名詞につく		部分冠詞 数えられない名詞につく
	単数	複数	単数	複数	
男性	<ruby>un<rt>アン</rt></ruby>	<ruby>des<rt>デ</rt></ruby>	<ruby>le<rt>ル</rt></ruby> (l’)	<ruby>les<rt>レ</rt></ruby>	<ruby>du<rt>デュ</rt></ruby> (de l’)
女性	<ruby>une<rt>ユヌ</rt></ruby>		<ruby>la<rt>ラ</rt></ruby> (l’)		<ruby>de la<rt>ドゥ ラ</rt></ruby> (de l’)

<ruby>un pantalon<rt>アン パンタロン</rt></ruby>
（ある1着の）ズボン

<ruby>des chaussures<rt>デ ショスューる</rt></ruby>
（何足かの）靴

<ruby>une jupe<rt>ユヌ ジュップ</rt></ruby>
（ある1着の）スカート

<ruby>les motos<rt>レ モト</rt></ruby>
（それらの）バイク

<ruby>le vélo<rt>ル ヴェロ</rt></ruby>
（その）自転車

<ruby>la voiture<rt>ラ ヴォワテューる</rt></ruby>
（その）車

練習問題 Exercices

1 次の文章の（　　）に適切な冠詞を入れましょう。

❶ C'est un musée. C'est (　　) musée du Louvre.

それは美術館です。　　　（それは）ルーヴル美術館です。

> ヒント **musée**「美術館、博物館」は男性名詞です。はじめの文に **un musée** と男性単数用の不定冠詞 **un** がついていることでもわかります。右は **musée du Louvre**「ルーヴル美術館」と世界に1つしかない名詞になっているので、限定されたものにつく定冠詞に変える必要があります。

❷ C'est (　　) château ?　それはお城（宮殿）ですか？

- Oui, c'est (　　　　) château de Versailles.

- はい、（それは）ヴェルサイユ宮殿です。

> ヒント **château**「城、宮殿」がはじめて用いる単語の場合は、辞書で性を調べる必要があります。辞書に 男 や **m.** の記号がついていますか？　そう、**château** は男性名詞ですね。上の文では特定されない名詞につける不定冠詞を、下の文では **château**「城（宮殿）」**de Versailles**「ヴェルサイユの」と特定の名詞を示しているので定冠詞をつけましょう。この「名詞＋前置詞 **de** ＋固有名詞○○」のように、「○○の」がつくと名詞が特定化・限定化されていることに注意しましょう。

❸ Qu'est-ce que c'est ?　これは何ですか？

- C'est (　　　　) ordinateur.

- これはパソコンです。

- C'est (　　　　) ordinateur de l'université.

- これは大学のパソコンです。

> ヒント **ordinateur**「パソコン」を辞書で調べると 男 や **m.** の記号がついていますね。はじめの文では特定されない名詞につける不定冠詞を、続く文では **de l'université**「大学の」と名詞を限定化しているので定冠詞をつけます。**ordinateur** は母音で始まる語なのでエリジョンすることに注意しましょう。

《解答》1　❶le　❷un / le　❸un / l'

🎙19

形 容 詞
アドジェクティフ
adjectif

名詞を修飾する形容詞、ポイントは名詞に対しての「位置」と「一致」です。

形容詞の位置

フランス語の形容詞は、基本的には、❶ 名詞の後ろに置きます。ただし例外として、❷ 日常的によく使う比較的短い形容詞は名詞の前に置きます。

❶ 基本：名詞の後ろ （ほとんどの形容詞は 名詞の後ろに置く）	ユヌ　　　バゲット　　　アンスィエンヌ **une baguette ancienne** * バゲットアンシェンヌ（昔風フランスパン）

＊名詞の前に置くときと、後ろに置くときで、意味の異なる形容詞があります。
　たとえば、ancien(ne)は、基本の名詞の後ろに置かれると「古い、昔の、古代の」などの意味で、名詞の前に置くと「もとの、かつての、旧」の意味になります。
　例：l'Ancien Régime「アンシャンレジーム、（フランス革命以前の）旧体制」
　　　　ランスィヤン　　ルジーム

❷ 例外：名詞の前 （一部の形容詞のみ 名詞の前に置く）	アン　　ブティ　　　クロワサン **un petit croissant** 小さいクロワッサン

語 彙
Vocabulaire! 名詞の前に置くおもな形容詞

グラン(グらーンド) **grand(e)** * 大きい	ブティ(ブティット) **petit(e)** 小さい	ジュンヌ **jeune** 若い	ヴィユー　　　ヴィエイユ **vieux / vieille** 老いた、古い
ボン(ボンヌ) **bon(ne)** よい、おいしい	モヴェ(モヴェーズ) **mauvais(e)** 悪い	ボ　　　　ベル **beau / belle** ** 美しい、きれいな	ジョリ(ジョリ) **joli(e)** かわいい、きれいな

＊辞書や巻末の単語一覧には、まず男性形のgrand、そして女性形の -e をつけるという指示が（ ）または , の後ろに記されます。女性形のgrandeという作り方は右ページで確認しましょう。
　　　　　　　　　　　　　　　　　　グらン
　　　　　　　　　　　　　　　　　　　　　　　　　　グらーンド
＊＊男性形と女性形が異なる場合、まず男性形のbeau、そして女性形のbelleが（ ）または , の後ろに記されます。
　　　　　　　　　　　　　　　　　　　　　　　ボ　　　　　　　　　　ベル

形容詞の性と数の一致

名詞に性数の区別があるため、**形容詞は名詞に合わせ性と数を一致させます。**
男性形に -e をつけると女性形、単数形に -s をつけると複数形になります。

	単数	複数
男性	アン　グラン　サック **un grand sac** 1つの大きなバッグ	ドゥ ＊ グラン　サック **de ＊ grands sacs** いくつかの大きなバッグ
女性	ユヌ　グランド　ヴァリーズ **une grande valise** 1つの大きなスーツケース	ドゥ ＊ グランド　ヴァリーズ **de ＊ grandes valises** いくつかの大きなスーツケース

＊名詞の前に複数形形容詞がつくと、不定冠詞des（デ）は原則としてde（ドゥ）になります。

いくつかの形容詞は**例外的な複数形や女性形の作り方があります。例外的な作り方の形容詞**で、日常的によく使う形容詞はここで覚えてしまいましょう。

もう一歩！ Un pas de plus! 例外的な複数形の作り方

例外的な複数形の作り方は、名詞の例外的な女性形の作り方 (→p.59) とほぼ同じです。

> パターン❶　-s, -z, -x で終わるものは不変
> パターン❷　-au, -eau, -eu で終わるものは -x をつける
> パターン❸　語尾のつづりを一部変えて、-x をつける

さらに、上記のルールに当てはまらない特殊な変化をするものもあるので、そのつど覚えていきましょう。

> 例外的な複数形の作り方は、
> 名詞の複数形の作り方 (→p.60)
> とほとんど同じなのですね。

例外的な女性形の作り方

女性形の作り方が例外的なパターンの形容詞もあります。名詞の例外的な女性形の作り方 (→p.59) とほぼ同じです。男性第2形をもつ形容詞だけ個別に覚えてしまいましょう。

> パターン❶ 男性形の最後の子音を重ねて -e をつける
> パターン❷ 男性形の最後の -er を -ère に変える
> パターン❸ 男性形の最後の -f を -ve、-eux を -euse に変える
> パターン❹ 男性形の最後の -eur を -euse、-teur を -trice に変える
> パターン❺ その他
> パターン❻ 男性形第2形をもつものは、その形から女性形を作る

男 性 形	女 性 形
アン　パンタロン　ブラン **un pantalon blanc** 白いズボン	ユヌ　シェミーズ　ブランシュ **une chemise blanche** 白いシャツ

 例外的な女性形の形容詞

パターン❶ 男性形の語尾の子音を重ねて -e をつけるもの

		男 性 形	女 性 形	
❶	子音を重ねて -e	ボン **bon**	ボンヌ **bonne**	よい、おいしい

パターン❷〜❺ 男性形の語尾のつづりの一部を変えて -e をつけるもの

		男 性 形	女 性 形	
❷	-er を -ère に	エト랑ジェ **étranger**	エトランジェール **étrangère**	外国の、奇妙な
❸	-f を -ve に	アクティフ **actif**	アクテーヴ **active**	活発な、積極的
		ナイフ **naïf**	ナイーヴ **naïve**	ナイーヴな
	-eux を -euse に	うるー **heureux**	うるーず **heureuse**	幸せな
❹	-eur を -euse に	トらヴァイユーる **travailleur**	トらヴァイユーズ **travailleuse**	勤勉な

	-g を -gue に	ロン **long**	ローング **longue**	長い
❺		ブラン **blanc**	ブラーンシュ **blanche**	白い
	-c を -che に	セック **sec**	セッシュ **sèche**	乾いた

パターン❻ 男性第2形をもつものは、その形から女性形を作る

	男 性 形	男性第2形*	女 性 形
❻	アン ボー ジャるダン **un beau jardin** 美しい庭	アン ベ ロワゾ **un bel oiseau** 美しい鳥	ユヌ ベ レトワル **une belle étoile** 美しい星
	アン ヌーヴォー プろフェスーる **un nouveau professeur** 新しい教師	アン ヌーヴェ レレーヴ **un nouvel élève** 新しい生徒	ユヌ ヌーヴェル ろーブ **une nouvelle robe** 新しいワンピース
	アン ヴィユー シャトー **un vieux château** 古い城	アン ヴィエイ ヨム **un vieil homme** 老人（高齢の男性）	ユヌ ヴィエイ ヤビテュード **une vieille habitude** 長年の習慣

＊男性第2形は、母音または無音の h で始まる語の前で使われる特殊な形で、この形をもつ形容詞は男性第2形から女性形を作ります。

練習問題 Exercices

1 色を表す形容詞を覚え、（　　　　）に女性形を入れましょう。

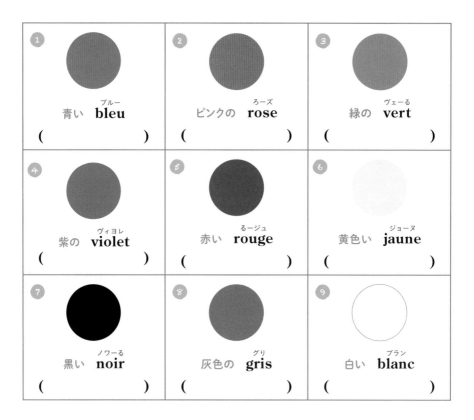

① 青い ブルー **bleu** （　　　　）	② ピンクの ろーズ **rose** （　　　　）	③ 緑の ヴェーる **vert** （　　　　）
④ 紫の ヴィヨレ **violet** （　　　　）	⑤ 赤い るージュ **rouge** （　　　　）	⑥ 黄色い ジョーヌ **jaune** （　　　　）
⑦ 黒い ノワーる **noir** （　　　　）	⑧ 灰色の グリ **gris** （　　　　）	⑨ 白い ブラン **blanc** （　　　　）

《解答》 1 ①bleue　②rose　③verte　④violette　⑤rouge
　　　　　⑥jaune　⑦noire　⑧grise　⑨blanche
　　　　2 ①blanche　②sèche　③bonne　④douce
　　　　3 ①noire　②Bonnes（＊vacances「休暇、バカンス」は通常は複数形で用います。）

2 次の形容詞（特殊な形）の女性形を（　　）に入れましょう。

＊辞書を見て、形容詞の女性形や複数形がどのように記載されているか確認しましょう。

	白い	乾いた、辛口の	よい、おいしい	優しい、甘口の
男性形	blanc	sec	bon	doux
女性形	❶（　　　　　）	❷（　　　　　）	❸（　　　　　）	❹（　　　　　）

ヒント 男性名詞 vin「ワイン」に形容詞をつけて vin sec「辛口のワイン」、vin doux「甘口のワイン」のように言います。たとえば Un bon vin sec, s'il vous plaît.「おいしい辛口ワインを1杯ください。」のように、ワインの「甘口」と「辛口」の言い方を覚えておくと便利です。複数名詞 fours「焼き菓子」には petits fours secs「プチフール（小さな焼き菓子）」のように petit や sec の複数形をつけたり、女性名詞 pomme「リンゴ」には pomme douce「甘いリンゴ」のように形容詞 doux の女性形をつけるなど、形容詞の性数一致に気をつけましょう。

3 （　　）に入る形容詞を名詞に合わせ適切な形にしましょう。

❶ un sac noir　　　→　　　une valise（　　　　　　　）

黒いバッグ　　　　　　　　　　　黒いスーツケース

ヒント 名詞 sac「バッグ」は冠詞 un がついているので男性名詞だとわかります。形容詞 noir「黒い」が男性単数形だということです。名詞 valise「スーツケース」は冠詞 une がついていて女性名詞だとわかるので、形容詞 noir「黒い」を女性単数形にする問題です。

❷ Bonne semaine !　→　（　　　　　　　）vacances !

よい1週間を!　　　　　　　　　　よい休暇（バカンス）を!

ヒント 名詞 semaine「週」は形容詞 bon「よい」の女性単数形 bonne がついていることから女性名詞だとわかります。名詞 vacances「休暇」は女性名詞、複数形の s がついているので、形容詞 bon「よい」の女性複数形を入れればよいですね!

🎙20

動　詞
ヴェるブ
verbe

　動詞の活用は1つの動詞につき主語に応じて6つの活用語尾があります。

主語人称代名詞

　フランス語の動詞は、主語の人称にあわせて活用します。まず、この主語にあたる単語（主語人称代名詞）を覚えましょう。

	単数形		複数形	
1人称	ジュ **je**	私は	ヌー **nous**	私たちは
2人称	テュ **tu**	きみは	ヴ **vous**	あなたは、あなたたちは
3人称（男性） 3人称（女性）	イル **il** エル **elle**	彼は 彼女は	イル **ils** エル **elles**	彼らは 彼女たちは

　＊なお、il (ils)、elle (elles) は、人だけでなく、前に出てきた男性名詞、女性名詞を受けて、「それは（それらは）」を指すこともあります。

　ここでのポイントは、2人称単数形の tu が「きみは」、2人称複数形の vous が「あなたたちは」と「あなたは」になっていることです。tu「きみは」は、話す相手がひとりでも親しい人（家族や友だち）にしか使えません。話し相手がひとりでも丁寧語を話す人（目上の人やはじめて会うような人）、そして話し相手が複数であるときには、vous「あなたは」を使います。つまり、2人称単数の tu は友だち言葉を使う相手、vous は丁寧語を使う相手と考えるとよさそうですね。

> フランス語の je は英語の I とは異なり、2文字とも小文字で書きます。
> 文章を書くときは、英語と同じように、最初の文字だけ大文字で書きます。
> Je ～ .「私は～です。」のようになります。

規則動詞の活用

フランス語の動詞で、最も規則的な活用をするものを、第1群規則動詞といいます。動詞の原形の最後の2文字が -er で終わることから、-er 動詞とも呼ばれます。フランス語の動詞の約90％がこの活用です。活用語尾は6通りです。

parler　話す		
	単数形	複数形
1人称	<ruby>je parle<rt>ジュ　パるル</rt></ruby> 私は話す	<ruby>nous parlons<rt>ヌ　　　パるロン</rt></ruby> 私たちは話す
2人称	<ruby>tu parles<rt>テュ　パるル</rt></ruby> きみは話す	<ruby>vous parlez<rt>ヴ　　　パるレ</rt></ruby> あなた（たち）は話す
3人称（男性） 3人称（女性）	<ruby>il parle<rt>イル　パるル</rt></ruby> 彼は話す <ruby>elle parle<rt>エル　パるル</rt></ruby> 彼女は話す	<ruby>ils parlent<rt>イル　パるル</rt></ruby> 彼らは話す <ruby>elles parlent<rt>エル　パるル</rt></ruby> 彼女たちは話す

まず動詞の原形（不定法、不定形、不定詞とも言います）を見てみましょう。
parler の parl- が変化をしない部分で「語幹」、-er の部分が変化をする部分で「語尾」あるいは「活用語尾」といいます。語幹は動詞に共通の部分なので、活用語尾だけを -er 動詞の活用パターンとして覚えればいいわけです。

なお、活用語尾の発音は -e、-es、-ent はいずれも無音、-ons はオン、-ez と不定法の語尾 -er はエと発音します。活用形は6つありますが、発音は3つだけです。

活用語尾に注目！
-er動詞の活用パターン
として覚えてしまいましょう。

無音のhで始まる動詞の活用

次に最初の文字が母音または無音のhで始まる動詞を見てみましょう。

エテュディエ étudier　勉強する		
	単数形	**複数形**
1人称	ジェテュディ j'étudie 私は勉強する	ヌ ゼテュディヨン nous étudions 私たちは勉強する
2人称	テュ エテュディ tu étudies きみは勉強する	ヴ ゼテュディエ vous étudiez あなた（たち）は勉強する
3人称（男性） 3人称（女性）	イ レテュディ il étudie 彼は勉強する エ レテュディ elle étudie 彼女は勉強する	イル ゼテュディ ils étudient 彼らは勉強する エル ゼテュディ elles étudient 彼女たちは勉強する

je は j' にエリジョン、il と elle はアンシェヌマン、nous、vous、ils、elles はリエゾンして、動詞の最初の文字と続けて発音します。このように動詞の最初の文字が母音または無音のhで始まるときは連音に気をつけましょう。

動詞のまとめ 〈動詞は主語に応じて6変化する！〉

これまで名詞にかかわる品詞については、性数4つの区別から4つの〈マジックボックス〉を頭に置いてきましたが、動詞にかかわるものについては**主語に応じて6つの〈マジックボックス〉を使いこなすこと**がポイントになります。

動詞については、さまざまな表現や用法、不規則動詞の活用、時制など、知っておきたい項目が多いので、あらためて第3章でくわしく学んでいきます。

動詞の表現や活用などについては
次の第3章（→p.125～）で
しっかり学びましょうね。

不規則動詞の活用

　規則動詞は活用に一定の規則性がありますが、不規則動詞は活用にほかの動詞のような規則性がなく、その動詞ごとに活用を覚えなければなりません。まず、英語の be 動詞「〜である」と have「〜を持つ」にあたる2つの動詞の活用を覚えましょう。

エートる **être**　〜である、〜です		
	単数形	**複数形**
1人称	ジュ スュイ **je suis** 私は〜である	ヌ　　ソンム **nous sommes** 私たちは〜である
2人称	テュ エ **tu es** きみは〜である	ヴ ゼット **vous êtes** あなた（たち）は〜である
3人称（男性） 3人称（女性）	イ レ **il est** 彼は〜である エ レ **elle est** 彼女は〜である	イル　ソン **ils sont** 彼らは〜である エル　ソン **elles sont** 彼女たちは〜である

＊il est, elle est はアンシェヌマン、vous êtes はリエゾンして続けて発音します。

アヴォワーる **avoir**　〜を持っている、〜を持っています		
	単数形	**複数形**
1人称	ジェ **j'ai** 私は〜を持っている	ヌ　ザヴォン **nous avons** 私たちは〜を持っている
2人称	テュ ア **tu as** きみは〜を持っている	ヴ ザヴェ **vous avez** あなた（たち）は〜を持っている
3人称（男性） 3人称（女性）	イ ラ **il a** 彼は〜を持っている エ ラ **elle a** 彼女は〜を持っている	イル ゾン **ils ont** 彼らは〜を持っている エル ゾン **elles ont** 彼女たちは〜を持っている

＊j'ai はエリジョン、il a, elle a はアンシェヌマン、nous avons, vous avez, ils ont, elles ont はリエゾンして続けて発音します。

練習問題 Exercices

1 「○○語」などのような言語を表す語を覚え、次の文章の（　　　）に当てはまる言語を選びましょう。

(le) français	(l')anglais	(l')allemand	(l')italien
(le) japonais	(le) chinois	(le) coréen	(l')espagnol

＊言語は国籍と同じ語で、いずれも男性名詞の扱いです。動詞parler(バルレ)に用いるときは定冠詞は不要で、動詞étudier(エテュディエ)に用いるときは定冠詞le (l')をつけます。エリジョンする語は発音に気をつけましょう（→p.200）。

① **Je parle (　　　　)** .
私は日本語を話します。

② **Je parle un peu (　　　　)** .
私はフランス語を少し話します。

③ **Tu parles (　　　　)** ?
きみは中国語を話すの？

④ **Vous parlez très bien (　　　　)** .
あなたは英語をとても上手に話します。

⑤ **J'étudie (　　　　)** .
私はフランス語を勉強しています。

⑥ **Tu étudies (　　　　)** .
きみは英語を勉強しているの？

⑦ **Est-ce qu'il étudie (　　　　)** .
彼はスペイン語を勉強していますか？

⑧ **Non, elles n'étudient pas (　　　　)** .
いいえ、彼女たちはイタリア語を勉強していません。

2 次の文章の（　　）に当てはまる活用形を下の囲みから選びましょう。

❶ Je （　　　　） un peu français.　　　私はフランスを少し話します。

❷ （　　　　） -vous anglais ?　　　英語をお話しになりますか？

❸ Ils （　　　　） japonais.　　　彼らは日本人です。

❹ Il （　　　　） français ?　　　彼はフランス人ですか？

❺ Elles （　　　　） sœurs.　　　彼女たちは姉妹です。

❻ Elle （　　　　） le plan de Paris.　　彼女はパリの地図を持っています。

❼ Nous （　　　　） un guide touristique.

私たちは観光ガイドブックを持っています。

❽ Vous （　　　　） combien ?

何名様ですか？

❾ J'（　　　　） une réservation pour ce soir.

今晩の予約があります。

❿ （　　　　） -vous des vins au verre ?

グラス（売りの）ワインはありますか？

---

parle / parles / parlons / parlez / parlent / suis / es / est /

sommes / êtes / sont / ai / as / a / avons / avez / ont

＊文のはじめにくるものもすべて小文字で記しています。

....

《解答》　1 ❶japonais 　❷français 　❸chinois 　❹anglais 　❺le français

❻l'anglais 　❼l'espagnol 　❽l'italien

2 ❶parle 　❷Parlez 　❸sont 　❹est

❺sont 　❻a 　❼avons 　❽êtes

❾ai 　❿Avez

🎤 21

副　詞
アドヴェるブ
adverbe

副詞はおもに動詞を形容・修飾する語です。形容詞や副詞も修飾できます。

副詞の役割とその位置

副詞の役割を大きく4つにわけ、文のどの位置に来るのか整理してみましょう。

❶ 動詞を修飾：基本は動詞の後ろに置きます	
イル　バるル　　ラントマン **Il parle lentement.**	彼はゆっくり話します。
❷ 形容詞を修飾：基本は形容詞の前に置きます	
エ　レ　ヴれマン　　ベル **Elle est vraiment belle.**	彼女は本当に美しいです。
❸ 副詞を修飾：基本は修飾する副詞の前に置きます	
イル　バるル　トれ　ラントマン **Il parle très lentement.**	彼はとてもゆっくり話します。
❹ 文全体を修飾：基本は文の前（または後）に置きます	
マルるズマン　　　ジュ スュイ　オキュペ **Malheureusement, je suis occupé.**	あいにく、私は忙しいです。

副詞の作り方

一部の副詞は形容詞から作ることができます。形容詞を女性形にして、その語尾に -ment をつけると副詞になります。

ラン **lent** 形　遅い、ゆっくりした →	ラーント **lente** f. →	ラントマン **lentement** 副　ゆっくり
スル **seul** 形　ただ一つの、唯一の →	スル **seule** f. →	スルマン **seulement** 副　～だけ、単に
ヴれ **vrai** 形　本当の、真の →	ヴれ **vraie*** f. →	ヴれマン **vraiment** 副　本当に

＊男性形が母音で終わるものは、そのまま -ment がつきます。

さまざまな副詞

　副詞にはさまざまなものがあります。ここでは日常的によく使う、場所や位置を表す副詞と、時や頻度を表す副詞を見てみましょう。

語彙 Vocabulaire! 場所や位置を表す副詞

イスィ **ici** ここに	ドゥヴァン **devant** 前に	プレ **près** 近くに
ラ **là** あそこに	デリエーる **derrière** 後ろに	ロワン **loin** 遠くに

イ リ ヤ アン カフェ ドゥヴァン ラ ガーる
Il y a un café devant la gare.
「駅の前にカフェがある」
名詞の前につく場合は
前置詞です（→p.80）。

【例】**Passez devant.**　　お先にどうぞ。（←私より前にお進みください。）

語彙 Vocabulaire! 時や頻度を表す副詞

デジャ **déjà** すでに	トゥジューる **toujours** いつも	ドゥ タン ザン タン **de temps en temps** ときどき
アンコーる **encore** まだ、なお	スヴァン **souvent** しばしば	らるマン **rarement** まれに

品詞では場所や位置、
時や頻度を示す副詞ですが、
文の要素としては状況補語
ですね（→p.37）。

【例】**Il est toujours occupé.**　　彼はいつも忙しい。

練習問題 Exercices

1 次の形容詞から副詞を作りましょう。1つめの（　　）に形容詞の女性形を、2つめの（　　）に副詞を書きましょう。

① **léger** 軽い　　　　（　　　　　）→（　　　　　）

② **malheureux** 不幸な　　（　　　　　）→（　　　　　）

③ **régulier** 規則正しい、定期的な　（　　　　　）→（　　　　　）

④ **exceptionnel** 例外的な、特別な（　　　　　）→（　　　　　）

《解答》1　①légère → légèrement　②malheureuse → malheureusement
　　　　③régulière → régulièrement　④exceptionnelle → exceptionnellement

🎤22

前　置　詞
プレポズィスィヨン
préposition

前置詞は名詞の前に置かれて、場所や時などの状況を具体的に示します。

さまざまな前置詞

前置詞は、名詞の前に置かれて「〜の中に」「〜までに」などのように場所や時を具体的に示します。基本的に名詞の前に置かれる品詞なので前置詞といいます。

前置詞にはさまざまなものがあります。まずは、日常的によく使う「場所」を表す前置詞と「時」を表す前置詞を覚えましょう。

語彙
Vocabulaire! **場所を表す前置詞と前置詞句**

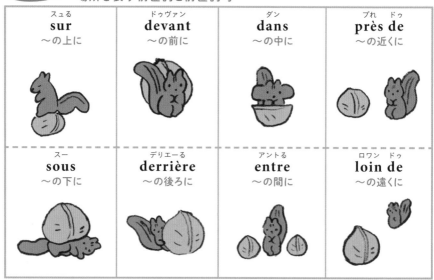

スュる **sur** 〜の上に	ドゥヴァン **devant** 〜の前に	ダン **dans** 〜の中に	プれ　ドゥ **près de** 〜の近くに
スー **sous** 〜の下に	デリエーる **derrière** 〜の後ろに	アントる **entre** 〜の間に	ロワン　ドゥ **loin de** 〜の遠くに

【例】

イ　リ　ヤ　アン　　　スュペるまるシェ　　プれ　ドゥ　ロテル
Il y a un supermarché près de l'hôtel.

ホテルの近くにスーパーマーケットがあります。

語彙 Vocabulaire! 時を表す前置詞と前置詞句

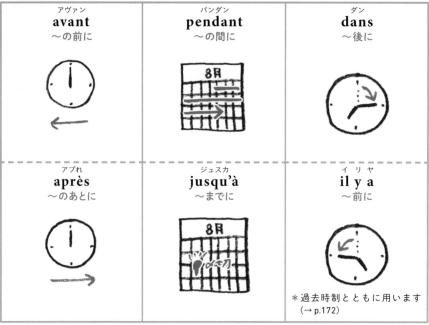

アヴァン **avant** 〜の前に	パンダン **pendant** 〜の間に	ダン **dans** 〜後に
アプれ **après** 〜のあとに	ジュスカ **jusqu'à** 〜までに	イ リ ヤ **il y a** 〜前に ＊過去時制とともに用います （→ p.172）

【例】 ジュ ヴェ ア ラ ビブリヨテック アプれ ル デジュネ
Je vais à la bibliothèque après le déjeuner.

私は昼食のあとに図書館に行きます。

ジュ ヴィヤン ア ラ ビブリヨテック ダン ディ ミニュット
Je viens à la bibliothèque dans 10 minutes.

私は10分後に図書館に来ます。（＝行きます）

もう一歩！ Un pas de plus! その他の前置詞

　「場所」と「時」を表す前置詞以外の、その他の前置詞も少しだけ見ておきましょう。いずれも日常的によく使う前置詞です。

プーる **pour** 〜のために、 〜に向かって	シェ **chez** 〜の家に（で）	アヴェク **avec** 〜といっしょに	サン **sans** 〜なしに（で）	アン **en** 〜に、〜で

前置詞 à と de

前置詞 à と de は、「場所」や「時」などさまざまな状況を表す前置詞で、日常的に頻繁に用いられます。ここではまず「場所」と「時」の意味にしぼって使い方を覚えましょう。前置詞の代表格である à と de には、ほかにも多くの意味と用法があるので、それらの使い方についてはそのつど辞書を調べながらゆっくり慣れていきましょう。

❶ 前置詞 à

「場所」を表すときには、地点を示して「〜に」、方向性を示して「〜へ」という意味になります。時間を表すときには、時点を示して「〜に」、期間の終わりを示して「〜まで」という意味です。

【例】 J'habite à Tokyo.

　　　私は東京に住んでいます。

Le feu d'artifice commence à 10 heures (du soir).

　　　花火は（夜の）10時に始まります。

❷ 前置詞 de

場所を表すときには、所有や所属を示して「〜の」、出発点を示して「〜から」、起源を示して「〜の出身」という意味になります。時間を表すときには、期間の始まりを示して「〜から」という意味です。

【例】 Je suis de Tokyo.

　　　私は東京出身です。

Ce magasin ouvre de 11 heures à 19 heures.

　　　この店は11時から19時まで開いています。

前置詞à, deと定冠詞の縮約

前置詞à と前置詞de は後ろに定冠詞のle と les を伴うと縮約します（冠詞の縮約が起こり1つの単語になります）。定冠詞のla は縮約しません。

前置詞 à	à+le → au （オ）	×<s>à le</s> Japon （ジャポン）	→ ○ au Japon （オ ジャポン） 日本で／へ	
	à+les→ aux （オ）	×<s>à les</s> États-Unis （ゼタ ズュニ）	→ ○ aux États-Unis （オ ゼタ ズュニ） アメリカで／へ	
前置詞 de	de+le → du （デュ）	×<s>de le</s> Japon （ジャポン）	→ ○ du Japon （デュ ジャポン） 日本から	
	de+les→ des （デ）	×<s>de les</s> États-Unis （ゼタ ズュニ）	→ ○ des États-Unis （デ ゼタ ズュニ） アメリカから	

＊地名には冠詞は必要ありませんが、国名には冠詞が必要なので注意しましょう。

【例】Je vais au Japon.
（ジュ ヴェ オ ジャポン）

私は日本へ行きます。

Je viens du Japon.
（ジュ ヴィヤン デュ ジャポン）

私は日本から来ました。

au（オ）　du（デュ）

前置詞のまとめ 〈冠詞の縮約を起こす前置詞はàとdeの2つだけ！〉

前置詞のなかでもその双璧をなすà と de をまずは押さえましょう。冠詞の縮約を起こすのはà と de の2つだけ。日常生活でよく使われる前置詞なのでマスターしておきましょう。4つの〈マジックボックス〉でまとめておきます。

前置詞àと定冠詞の縮約				前置詞deと定冠詞の縮約		
	単数	複数			単数	複数
男性	au * （オ） （<s>à le</s>）	aux （オ） （<s>à les</s>）		男性	du ** （デュ） （<s>de le</s>）	des （デ） （<s>de les</s>）
女性	à la * （ア ラ）			女性	de la ** （ドゥ ラ）	

＊母音または無音のh で始まる名詞の前では au, à la ともにエリジョンの形à l' となります。（オ／ア ラ）
＊＊母音または無音のh で始まる名詞の前では du, de la ともにエリジョンの形de l' となります。（デュ／ドゥ ラ）

1 （　）に定冠詞と前置詞の縮約を入れましょう。

❶ **un café　（　　　　　　）lait**
ミルク（入りの）コーヒー

❷ **une tarte　（　　　　　　）pommes**
リンゴ（入りの）タルト

❸ **une glace　（　　　　　　）chocolat**
チョコレート（風味の）アイス

❹ **deux tartelettes　（　　　　　）fraises**
イチゴ（入りの）タルト2個

❺ **un croissant　（　　　　　）beurre**
バター（入りの）クロワッサン

❻ **un steak　（　　　　　）poivre**
ペッパー（コショウ風味の）ステーキ

❻ **le plat　（　　　　）jour**
本日のおすすめ料理、今日の日替わりメニュー

> ヒント **plat** m.「皿、料理」、**jour** m.「一日、昼」

❼ **la carte　（　　　　　　）vins**
ワインメニュー

> ヒント **carte** m.「メニュー」、**vins** m. pl.「（いくつかの種類の）ワイン」

ここでの前置詞àは
「付属」の用法で
「～の入った、～のついた」
の意味です。
前置詞àには、場所や時を示す
以外にもさまざまな用法があり、
とくに料理名や菓子名では、
「～入りの」「～風味の」「～を添えた」
などの意味でよく用いられます。

縮約を起こすのは
àとdeの2つだけ！
p.83のマジックボックスを
しっかり覚えてくださいね。

2 日本語に合うように（　　　　）内に当てはまる前置詞、または前置詞句を書きましょう。

1 Il y a une pomme (　　　　　　) la table.

机の上にリンゴがあります。

2 Il y a la poste　(　　　　　　) l'hôtel.

ホテルの近くに郵便局があります。

3 Il y a un livre　(　　　　　　) le sac.

カバンの中に本があります。

4 L'université est　(　　　　　　) de la gare.

大学は駅から遠いです。

《解答》1　**1** au（un café à le → au lait ： le lait「牛乳」は男性形でle がつきます）

2 aux（une tarte à les → aux pommes ： les pommes「リンゴ」は複数形）

3 au（une glace à le → au chocolat ： le chocolat「チョコレート」は男性形）

4 aux（deux tartelettes à les → aux fraises ： les fraises「イチゴ」も複数形）

5 au（un croissant à le → au beurre ： le beurre「バター」は男性形）

6 au（un steak à le → au poivre ： le poivre「コショウ」は男性形）

7 du（le plat de le → du jour ： le jour「その日」の意味で男性形）

8 des（la carte de les → des vins ： les vins「ワイン」は男性複数形で数種類の意味）

2　**1** sur「上」　**2** près de「〜の近くに」

3 dans「中」　**4** loin「遠い」

🎤23

指示形容詞

アドジェクティフ　　　　　　　デモンストラティフ
adjectif démonstratif

指示形容詞は、名詞につけて「この〜」「あの〜」「その〜」と指し示す言い方です。

指示形容詞

名詞の前に置く形容詞で、名詞の性数によって形が変わります。その名詞の指示性を高めて、「この〜」「あの〜」「その〜」という意味になります。遠近の区別なく使えるので、日本語は状況に応じて訳し分けます。

	単数	複数
男性	ス　　セット **ce (cet)** この〜、あの〜、その〜	セ **ces** これらの〜、あれらの〜、それらの〜
女性	セット **cette** この〜、あの〜、その〜	

＊男性単数名詞につく ce は、母音または無音のhで始まる単語の前では cet となり、次の語と続けて発音されます。

ジェム　　　セ　　シャン
【例】**J'aime ces chiens.** 私はこの犬たちが好きです。（指示形容詞＝特定の犬）

ジェム　　　レ　　シャン
J'aime les chiens. 私は犬が好きです。（定冠詞＝犬というもの全体）

＊指示形容詞を定冠詞に変えると意味が変わるので気をつけましょう。定冠詞の総称の用法です（→p.63）。

ジュ　　コネ　　セットム
【例】**Je connais cet homme.** この男性を知っています。

ジャビット　　　セッ タパるトマン
J'habite cet appartement. 私はこの部屋に住んでいます。

もう一歩！ Un pas de plus! 遠近の区別を表す -ci と -là

指示代名詞＋名詞の後ろに -ci または -là をつけて、空間的あるいは時間的な遠近の区別を表すことができます。名詞の語末に -ci をつけると近いもの、-là をつけると遠いものを示します（ただし、遠近にかかわらず、単に2つのものを区別しているだけのこともあります）。

-ci と -là は voici と voilà の遠近の表現に対応していますね（→p.54-55）。

【例】 Ce mot se trouve dans ce texte-ci.
ス　モ　ス　トるーヴ　ダン　ス　テクスト　スィ

その言葉はこちらの本のなかにあります。

Je peux regarder cette robe-là ?
ジュ　プ　るギャルデ　セット　ろーブ　ラ

あちらのワンピースを見てもいいですか？

練習問題 Exercices

🎤 24

1 音声を聞いて（　　　　）に当てはまる指示形容詞を入れましょう。

① J'aime (　　　　) tarte.　　私はこのタルトが好きです。

② Je préfère (　　　　) vin.　　私はこのワインがより好みです。

2 音声を聞いて（　　）に当てはまる指示形容詞を入れましょう。

① 客 ： J'aime (　　　　) tableau-ci.　　私はこちらのほうの絵が好きです。

② 店員 ： Vous préférez (　　　　) jupe ?　こちらのスカートがお好みですか？

客 ： Non, je préfère plutôt cette jupe-(　　　　).

いえ、むしろあちらのスカートがより好みだわ。

《解答》 **1** ① cette　② ce

① は cette がついているので tarte が女性名詞、② は ce がついているので vin が男性名詞だと聞き分けることができます。

2 ① ce　② cette / là

🎤 25

所有形容詞
アドジェクティフ　　　　　　　ポセスィフ
adjectif possessif

所有形容詞は、名詞につけて「私の〜」などのように所有を表す言い方です。

所有形容詞

名詞の前について所有を表すという働きをするのは英語の所有格と同じです。

ただ、英語と違い、フランス語では名詞の性・数に応じて形が変わります。

〈マジックボックス〉を使って考えていきましょう。

私の		
	単数	複数
男性	モン **mon**	メ **mes**
女性	マ　　モン **ma (mon*)**	

*母音または無音のhで始まる女性単数名詞の前では男性単数名詞と同じ所有形容詞を用います（つまり、女性名詞でも母音または無音のhの前ではmaはmonとなり、名詞とつなげて読まれます）。

使ってみよう！
Pratique! 「私の〜」と自分の家族について言ってみましょう

性・数の使い分けは、**所有者の性・数ではなく名詞の性・数に合わせる**のがポイントです。

ぺーる **père** 父	めーる **mère** 母	フれーる **frère** 兄（弟）	スール **sœur** 姉（妹）	パラン **parents** 両親

● **男性単数の名詞にはmonをつけます。**
モン　　ぺーる　　　　　　　　　　モン　　フれーる
mon père 私の父 / **mon frère** 私の兄（弟）

セ　　モン　　ぺーる
C'est mon père.
これが私の父です。

● **女性単数の名詞にはmaをつけます。**
マ　　めーる　　　　　　　　　　マ　　スール
ma mère 私の母 / **ma sœur** 私の姉（妹）

● 複数の名詞には mes_メ をつけます。

mes_メ parents_{パラン} 私の両親

「きみの〜」と「彼の〜、彼女の〜」も同じようにマジックボックスで考えます。
複数は男女同じ形なので、それぞれ3つの形になります。

きみの	単数	複数
男性	ton_{トン}	tes_テ
女性	ta (ton)_{タ (トン)}	

彼の、彼女の	単数	複数
男性	son_{ソン}	ses_セ
女性	sa (son)_{サ (ソン)}	

「私たちの〜」「あなた（たち）の〜」「彼らの〜、彼女らの〜」は、単数も男女同じ形、複数も男女同じ形なので、それぞれ2つの形になります。

私たちの	単数	複数
男性	notre_{ノトる}	nos_ノ
女性		

あなた（たち）の	単数	複数
男性	votre_{ヴォトる}	vos_{ヴォ}
女性		

彼らの、彼女たちの	単数	複数
男性	leur_{ルる}	leurs_{ルる}
女性		

所有形容詞のまとめ 〈所有者ではなく名詞の性・数に合わせます〉

所有形容詞も形容詞の一種なので、**名詞の性・数に応じた形を使い分ける必要**があります。6つの表をまとめると、このような大きな1つの表で示すことができます。

	男性単数	女性単数	複 数
私の	mon_{モン}	ma (mon*)_{マ (モン)}	mes_メ
きみの	ton_{トン}	ta (ton*)_{タ (トン)}	tes_テ
彼の、彼女の	son_{ソン}	sa (son*)_{サ (ソン)}	ses_セ
私たちの	notre_{ノトる}		nos_ノ
あなた（たち）の	votre_{ヴォトる}		vos_{ヴォ}
彼らの、彼女たちの	leur_{ルる}		leurs_{ルる}

＊ 女性単数名詞につく ma_マ, ta_タ, sa_サ は、母音または無音の h で始まる単語の前ではそれぞれ mon_{モン}, ton_{トン}, son_{ソン} となり、次の語とリエゾンされます。

練習問題 Exercices

1 家族の語彙を覚え、下の表内の（　　　）に日本語に合う適切な所有形容詞を入れましょう。

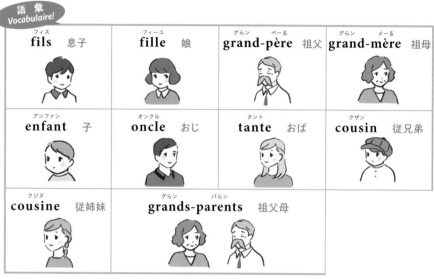

語彙 Vocabulaire!

フィス **fils** 息子	フィーユ **fille** 娘	グラン ぺーる **grand-père** 祖父	グラン メール **grand-mère** 祖母
アンファン **enfant** 子	オンクル **oncle** おじ	タント **tante** おば	クザン **cousin** 従兄弟
クジヌ **cousine** 従姉妹	グラン パラン **grands-parents** 祖父母		

	男性単数	女性単数	複　数
私の	❶ （　　　　） père 私の父	❷ （　　　　） mère 私の母	❸ （　　　　） parents 私の両親
きみの	❹ （　　） grand-père きみの祖父	❺ （　　） grand-mère きみの祖母	❻ （　　） grands-parents きみの祖父母
彼の 彼女の	❼ （　　　　） oncle 彼（彼女）のおじ	❽ （　　　　） tante 彼（彼女）のおば	❾ （　　　　） enfants 彼（彼女）の子どもたち
私たちの	❿ （　　　　　） fils (fille) 私たちの息子（娘）		⓫ （　　　　） parents 私たちの両親
あなた （たち）の	⓬ （　　　　　） cousin (cousine) あなた（たち）の従兄弟（従姉妹）		⓭ （　） cousins(cousines) あなた（たち）の従兄弟 （従姉妹）たち
彼らの 彼女たちの	⓮ （　　　　　） enfant 彼ら（彼女たち）の子ども		⓯ （　　　　） enfants 彼ら（彼女たち）の子どもたち

2 所有形容詞を用いて「私の〜」と言ってみましょう。

① **un stylo** ペン → (　　　　　) (　　　　　) 私のペン

② **une famille** 家族 → (　　　　　) (　　　　　) 私の家族

③ **un chat** 猫 → (　　　　　) (　　　　　) 私の猫

④ **une montre** 腕時計 → (　　　　　) (　　　　　) 私の腕時計

3 所有形容詞を用いて「きみの〜」と言ってみましょう。

① **mon sac** 私のカバン → (　　　　) (　　　　) きみのカバン

② **mes amis** 私の友人たち → (　　　　) (　　　　) きみの友人たち

③ **ma maison** 私の家 → (　　　　) (　　　　) きみの家

④ **mes livres** 私の本 → (　　　　) (　　　　) きみの本

4 (　　　) に当てはまる所有形容詞を入れましょう。

① **C'est le sac de Pierre ? - Oui, c'est (　　　　　) sac.**

これはピエールのカバンですか？ – はい、これは彼のカバンです。

② **C'est la valise de ton père ?**

- Non, ce n'est pas (　　　　　) valise.

これはきみのお父さんのスーツケースですか？ – いいえ、これは彼のスーツケースではありません。

《解答》 1 ❶mon ❷ma ❸mes ❹ton ❺ta
❻tes ❼son ❽sa ❾ses ❿notre
⓫nos ⓬votre ⓭vos ⓮leur ⓯leurs
2 ❶mon stylo ❷ma famille ❸mon chat ❹ma montre
3 ❶ton sac ❷tes amies ❸ta maison ❹tes livres
4 ❶son ❷sa

🎤26

疑問形容詞
アドジェクティフ　　　　　　アンテロガティフ
adjectif interrogatif

疑問形容詞は、名詞につけて「どの〜？」と疑問を表す言い方です。

疑問形容詞

名詞の前について「どの〜？」「どんな〜？」「何の〜？」などの疑問を表します。また名詞に直接つかずに主語の属詞として「〜はどれ？」「〜は何？」などのような文にもなります。疑問詞ですが形容詞の一種なので名詞の性数に応じて形が変わります。

	単数	複数
男性	ケル quel	ケル quels
女性	ケル quelle	ケル quelles

＊男性単数の quel が基本の形で、女性単数形には最後の子音 l を重ねて -e、男性複数形には -s、女性複数形には最後の子音 l を重ねて -es がついていることがわかりますね。形は4つに変わりますが、発音は語末の -e も語末の子音 -s も発音しませんので4つとも同じ「ケル」の発音です。リエゾンやエリジョンすると聞こえ方が変わるので気をつけましょう。

 名詞に疑問形容詞をつけて、文を作ってみましょう！

アージュ âge m. s. 年齢	タン temps m. s. 天候	ウーる heure f. s. 時間
ジャーンる genre(s) m. pl. ジャンル、種類	ラーング langue(s) f. pl. 言語	アドれス adresse f. 住所

❶ 男性単数の名詞には quel をつける

[quel âge どの年齢?]

Quel âge avez-vous ? - J'ai vingt ans.
ケ ラージュ アヴェ ヴ   ジェ ヴァン タン

（年齢は）おいくつですか?   －私は20歳です。

[quel temps どの天気?]

Quel temps fait-il ? - Il fait beau.
ケル タン フェ ティル   イル フェ ボー

どんなお天気ですか?   －（天気は）晴れです。

❷ 女性単数の名詞には quelle をつける

[quelle heure どの時間?]

Quelle heure est-il ? - Il est midi.
ケ ルーる エ ティル   イ レ ミディ

いま何時ですか?   －（いま）正午です。

[quelle adresse どの住所?]

Quelle est votre adresse ? ご住所はどちらですか?
ケ レ ヴォート らドれス

- Mon adresse est 5 rue Pascal.
モン ナドれス エ サンク リュ パスカル

　-私の住所はパスカル通り5番地です。

❸ 男性複数の名詞には quels をつける

[quels genres どの種類?]

Quels genres de musiques aimez-vous ?
ケル ジャーンる ドゥ ミュズィック エメ ヴ

どんな種類の音楽が好きですか?   ＊ genre(s) de ~（無冠詞名詞）「～のジャンル」

- J'aime le jazz et le rock. －私はジャズとロックが好きです。
ジェム ル ジャズ エ ル ろック

❹ 女性複数の名詞には quelles をつける

[quelles langues どの言語?]

Quelles langues parlez-vous ?
ケル ラーング ぱるレ ヴ

どの言語を話しますか?

- Je parle français et japonais.
ジュ ぱるル フランセ エ ジャポネ

　-私はフランス語と日本語を話します。

これらの例文は日常的によく
使う表現です。定番フレーズ
としてこのまま覚えてしまうと
いいですね！

〈名詞の性・数に合わせて使い分けます！〉

疑問形容詞を用いた会話の基本パターンを2つ身につけましょう！

> ① Quel(le)(s) ＋動詞 être (est または sont) ＋ 主語？
> ケル　　　　　　　　　　　　エ　　　　　　ソン
>
> 「～（主語）はどれ（何）ですか？」
>
> ② Quel(le)(s) ＋名詞＋動詞＋主語？
> ケル
>
> 「（主語は）どの～（名詞）を…ですか？」
>
> ＊主語と動詞は疑問文の3つの作り方に応じて語順が変わります（→p.41、p.43）。

①の場合〈主語の属詞〉、
②の場合〈名詞につく付加形容詞〉、
どちらの場合も quel(le)(s) は主語や名詞の性と数に
合わせて使い分けましょう！

練習問題 Exercices

1 疑問形容詞を用いて「どの～？」「何の～?」と聞いてみましょう。

❶ (　　　　　　　) est ton stylo ?　　きみのペンはどれ?

❷ (　　　　　　　) sont ses chats ?　　彼（彼女）の猫はどれ?

❸ (　　　　　　　) est votre voiture ?　　あなたの車はどれですか?

❹ (　　　　　　　) sont vos montres ?　　あなたの腕時計はどれですか?

ヒント 名詞についている所有形容詞の形から、その名詞の性・数を判別することができますね。所有形容詞がついておらず判別できない場合もあるので、基本的な名詞の性は早めに覚えてしまいましょう。

	単数		複数	
男性	アン　スティロ un stylo	ペン	デ　シャ des chats	猫
女性	ユヌ　ヴォワテューる une voiture	車	デ　モーントる des montres	腕時計

94

2 日本語に合わせて（　）に適切な疑問形容詞を入れましょう。

語彙 Vocabulaire!

フルーる **fleur(s)** f. 花	アニマル　　アニモ **animal(animaux)** m. 動物	セゾン **saison(s)** f. 季節
リーヴる **livre(s)** m. 本	フィルム **film(s)** m. 映画	ぱるファン **parfum(s)** m. 香り、風味、フレーバー

① **Voulez-vous (　　　　) fleurs ?**　どの花にいたしましょうか？

ヒント fleur は女性名詞。花屋などの店先でよく使われるフレーズです。

② **Tu aimes (　　　　) animaux ?**　どの動物が好き？

ヒント animal は男性名詞。複数形で尋ねていることに気をつけましょう。また、quel(le)(s) が母音で始まる名詞につくときはリエゾンやアンシェヌマンに気をつけましょう。

③ **(　　　　) saison préférez-vous ?**　どの季節が好きですか？

ヒント saison は女性名詞。どの季節がより好みかと尋ねているので、ここでは単数形になっています。

④ **Tu achètes (　　　　) livres ?**　どの本を買うの？

⑤ **(　　　　) genre de films aimez-vous ?**

どんなジャンルの映画が好きですか？

ヒント genre は男性名詞。〈genre de＋～(無冠詞名詞)〉で「～のジャンル」です。

⑥ **Tu veux une glace à (　　　　) parfum ?**

何味のアイスクリームがほしい？

ヒント parfum は男性名詞。香りの意味に加え、アイスクリームなどの風味やフレーバーの意味にも用います。

《解答》 1　①Quel　②Quels　③Quelle　④Quelles

　　　　2　①quelles　②quels　③Quelle　④quels　⑤Quel　⑥quel

🎤 27

疑問副詞
アドヴェるブ　　　　　　　　アンテロガティフ
adverbe interrogatif

|||||||||||||||||||||||||||||||||||||||||||||||||||||||||||||||||||||||||||||||||||||

疑問副詞は5つ

　疑問副詞には「いつ」「どこ」「いくら」「どのように」「なぜ」の5つがあります。性・数の変化がなく、ほかの2つの品詞の疑問詞に比べて最も使い方が簡単です。会話のさまざまな場面で便利に使うことができますよ。

❶ quand カン いつ	❷ où ウ どこに、どこへ	❸ combien コンビヤン いくら	❹ comment コマン どのように	❺ pourquoi ぷるコワ なぜ

疑問副詞の使い方

❶ quand いつ
カン

時を尋ねる疑問詞です。肯定文から疑問文を作ってみましょう。

【肯定文】**Vous partez demain.** 　あなたは明日出発します。
　　　ヴ　　パるテ　　ドゥマン

　　＊この文章を「いつ？」を尋ねる疑問文にするにはdemainをquandという疑問詞
　　　　　　　　　　　　　　　　　　　　　　　　ドゥマン　　　　　　カン
　　にすればいいだけですね。

【疑問文】**Vous partez quand ?** 　あなたはいつ出発しますか？
　　　ヴ　　パるテ　　カン

　簡単ですね。ただしフランス語には疑問文の作り方が3通りあります (→p.40)。疑問詞を用いる疑問文も、基本的な考え方は疑問詞を用いない疑問文の作り方と同じです。

❶ S＋V＋疑問詞	❷ 疑問詞＋est-ce que＋S＋V	❸ 疑問詞＋V＋S
〈カジュアルな疑問文〉 イントネーションで表す	〈標準的な疑問文〉 文頭にest-ce queをつける	〈丁寧な疑問文〉 主語と動詞の倒置
Vous partez quand ? ヴ パるテ カン いつ出発しますか？ または **Tu pars quand ?** テュ パーる カン いつ出発するの？	**Quand est-ce que vous partez ?** カン テス ク ヴ パるテ いつお出かけですか？ または **Quand est-ce que tu pars ?** カン テス ク テュ パーる いつお出かけるんだい？	**Quand partez-vous ?** カン パるテ ヴ いつお出かけですか？

❷ où　どこに、どこへ

　場所を尋ねる疑問詞です。先ほどと同じ要領で、肯定文から疑問文を作ってみましょう。

【肉定文】**Vous partez pour Paris.**　　あなたはパリに（向かって）出発します。

　「どこに？」を尋ねるには pour Paris「パリに向かって」を où「どこ」という疑問詞にします。

＊où は「どこに、どこへ」の意味なので、à「〜に、〜へ」や pour「〜に向かって」という前置詞の意味内容を含んでいます。

【疑問文】**Vous partez où ?**　　　　あなたはどこに出発しますか？

　今度は、疑問詞の前に前置詞が必要な場合を見てみましょう。

【肉定文】**Vous venez de Paris.**　　あなたはパリから来ています。

　「どこから？」と尋ねるには de Paris「パリから」を d'où（＝de où）「どこから」とします。

＊de「〜から」や jusque「〜まで」などの前置詞は où の意味内容には含まれません。こうした前置詞は疑問詞 où といっしょに切り離さずに用います。

【疑問文】**Vous venez d'où ?**　　　　あなたはどこから来ているのですか？

❶S ＋ V ＋ 疑問詞	❷疑問詞 ＋ est-ce que ＋S ＋V	❸疑問詞 ＋ V ＋ S
〈カジュアルな疑問文〉 イントネーションで表す	〈標準的な疑問文〉 文頭に est-ce que をつける	〈丁寧な疑問文〉 主語と動詞の倒置
où　どこに、どこへ		
Vous partez où ? どこに出発しますか？ または **Tu pars où ?** どこに出発するの？	**Où est-ce que vous partez ?** どこにお出かけですか？ または **Où est-ce que tu pars ?** どこに出かけるんだい？	**Où partez-vous ?** どちらにお出かけですか？
d'où （←de ＋ où）　どこから　＊前置詞＋疑問詞は離さず用います		
Vous venez d'où ? どこから来ているのですか？ または **Tu viens d'où ?** どこから来たの？	**D'où est-ce que vous venez ?** どこからいらしたのですか？ または **D'où est-ce que tu viens ?** どこから来たんだい？	**D'où venez-vous ?** どちらからいらしたのですか？

Chapitre2　品詞の基本

97

❸ combien いくら、いくつ
<ruby>combien<rt>コンビヤン</rt></ruby>

　数や数量を尋ねる疑問詞 <ruby>combien<rt>コンビヤン</rt></ruby> は買い物など多くの場面でよく使います。基本的にはほかの疑問副詞と同じで、3つの疑問文の作り方に準じて3通りの表現のしかたがありますが、特定の作り方のみを使用することが多いので、定型表現として文例をそのまま覚えてしまいましょう。

【例】<ruby>C'est<rt>セ</rt></ruby> <ruby>combien<rt>コンビヤン</rt></ruby> ?　　　　　– <ruby>C'est<rt>セ</rt></ruby> <ruby>cinq<rt>サン</rt></ruby> <ruby>euros<rt>クーろ</rt></ruby>.

おいくらですか？　　　　　　　　-5ユーロです。

＊単品の商品に使います。

<ruby>Ça<rt>サ</rt></ruby> <ruby>fait<rt>フェ</rt></ruby> <ruby>combien<rt>コンビヤン</rt></ruby> ?　　　– <ruby>Ça<rt>サ</rt></ruby> <ruby>fait<rt>フェ</rt></ruby> <ruby>cinq<rt>サン</rt></ruby> <ruby>euros<rt>クーろ</rt></ruby>.

（全部で）いくらになりますか？　　-5ユーロになります。

＊単品の商品なら上、複数の商品の合計なら下の文章を使います。

<ruby>Ça<rt>サ</rt></ruby> <ruby>coûte<rt>クトゥ</rt></ruby> <ruby>combien<rt>コンビヤン</rt></ruby> ?　　　– <ruby>Ça<rt>サ</rt></ruby> <ruby>coûte<rt>クトゥ</rt></ruby> <ruby>dix<rt>ディ</rt></ruby> <ruby>euros<rt>ズろ</rt></ruby>.

おいくらですか？　　　　　　　　-10ユーロです。

＊<ruby>coûter<rt>クトゥ</rt></ruby>「（値段が）〜する」

<ruby>Vous<rt>ヴ</rt></ruby> <ruby>êtes<rt>ゼット</rt></ruby> <ruby>combien<rt>コンビヤン</rt></ruby> ?　　– <ruby>Nous<rt>ヌ</rt></ruby> <ruby>sommes<rt>ソンム</rt></ruby> <ruby>six<rt>スィス</rt></ruby>.

何人さまですか？　　　　　　　　-6人です。

＊レストランやカフェでよく聞かれます。

<ruby>Nous<rt>ヌー</rt></ruby> <ruby>sommes<rt>ソンム</rt></ruby> <ruby>le<rt>ル</rt></ruby> <ruby>combien<rt>コンビヤン</rt></ruby> ? – <ruby>Nous<rt>ヌー</rt></ruby> <ruby>sommes<rt>ソンム</rt></ruby> <ruby>le<rt>ル</rt></ruby> <ruby>14<rt>かトるズ</rt></ruby> <ruby>juillet<rt>ジュイエ</rt></ruby>.

今日は何日ですか？　　　　　　　　　-今日は7月14日です。

＊日にちを尋ねるときは日にちの言い方に対応した <ruby>le<rt>ル</rt></ruby> <ruby>combien<rt>コンビヤン</rt></ruby> を使います。

 〈combien de＋無冠詞名詞〉
<ruby>combien<rt>コンビヤン</rt></ruby> <ruby>de<rt>ドゥ</rt></ruby>

　〈<ruby>combien<rt>コンビヤン</rt></ruby> <ruby>de<rt>ドゥ</rt></ruby>＋無冠詞名詞〉で、数量・数ともに「どれだけの〜」「いくつの〜」となります。

【例】<ruby>Tu<rt>テュ</rt></ruby> <ruby>pars<rt>パーる</rt></ruby> <ruby>en<rt>アン</rt></ruby> <ruby>vacances<rt>ヴァカンス</rt></ruby> <ruby>combien<rt>コンビヤン</rt></ruby> <ruby>de<rt>ドゥ</rt></ruby> <ruby>jours<rt>ジューる</rt></ruby> ?– <ruby>Je<rt>ジュ</rt></ruby> <ruby>pars<rt>パーる</rt></ruby> <ruby>quinze<rt>カーンズ</rt></ruby> <ruby>jours<rt>ジューる</rt></ruby>.

きみはヴァカンスで何日間出かけるの？　　　　　-2週間（＝15日）出かけるよ。

<ruby>Combien<rt>コンビヤン</rt></ruby> <ruby>de<rt>ドゥ</rt></ruby> <ruby>pommes<rt>ポム</rt></ruby> <ruby>voulez-vous<rt>ヴレ ヴ</rt></ruby> ?–<ruby>Trois<rt>トろワ</rt></ruby> <ruby>pommes<rt>ポム</rt></ruby>, <ruby>s'il vous plaît<rt>スィル ヴ プレ</rt></ruby>.

いくつリンゴをほしいですか？　　　　　　　-3つお願いします。

❹comment　コマン　どのように

commentには大きく分けて２つの意味があります。「どんなふう？」と様態・様相を尋ねる意味と、「どうやって？」と手段・方法を尋ねる意味です。慣れてきたら、そのほかに「どうして」や「なぜ」のように理由を尋ねる意味も覚えていきましょう。

【例】
コマン　タレ　ヴ
Comment allez-vous ?
　　　　　　　　　　　　　ジュ ヴェ ビヤン
　　　　　　　　　　　　　– Je vais bien.

お元気ですか？　　　　　-元気です。

コマン　ヴァ テュ
Comment vas-tu ?
　　　　　　　　　　サ ヴァ ビヤン
　　　　　　　　　　– Ça va bien.

元気かい？　　　　　　-元気だよ。

ソン　ベーる　エ　コマン
Son père est comment ?
　　　　　　　　　　　イ レ ジャンティ
　　　　　　　　　　　– Il est gentil.

彼のお父さんはどんな感じですか？　-彼は親切です。

コマン　エス　ク テュヴィヤン シェ モワ
Comment est-ce que tu viens chez moi ?
　　　　　　　　　　ジュ ヴィヤン ア ビエ
　　　　　　　　　　– Je viens à pied.

ぼくの家までどうやって来るの？　　-歩いて行くよ。

 〈性格や特徴を表す形容詞〉

ジャンティ ジャンティーユ gentil / gentille	サンパティク sympathique	アンテリジャン アンテリジャーント intelligent / intelligente
親切な、優しい	感じがいい	頭のよい
セリュー セリューズ sérieux / sérieuse	ティミッド timide	ボー ベル beau / belle
まじめな	引っ込み思案な	ハンサムな、美しい

 〈交通手段〉

ア ビエ à pied	アン ビュス en bus	ア アン モト à (en) moto	ア ナヴィヨン en avion
徒歩で	バスで	バイクで	飛行機で
ア アン ヴェロ à (en) vélo	アン トラン en train	アン ヴォワテューる en voiture	アン メトロ en métro
自転車で	電車で	車で	地下鉄で

＊前置詞〈à〉は手段の用法です。人が中に乗り込む乗り物には〈en〉を用います。自転車とバイクは話し言葉で〈en〉を用いることもあります。

❺ pourquoi　なぜ
<ruby>pourquoi<rt>ぷるコワ</rt></ruby>

pourquoi「なぜ〜」という疑問文には、ほとんどの場合、parce que (parce qu')「なぜならば〜」という答え方が続きます。（英語の why と because の関係に対応。）

【例】**Pourquoi est- il absent aujourd'hui ?**

なぜ彼は今日欠席しているのですか？

–Parce qu'il est malade.

- 彼は病気だからです。

Pourquoi ne mangez-vous pas ?

なぜ召し上がらないのですか？

–Parce que nous n'avons pas faim.

- 私たちはおなかがすいていないのです。

疑問副詞のまとめ 〈まずは5つの疑問副詞を覚えよう！〉

疑問副詞は性数一致などの変化がなく覚えるだけでいいので、聞いたり読んだりするだけなら簡単です。

❶ quand	❷ où	❸ combien	❹ comment	❺ pourquoi
いつ	どこに、どこへ	いくら	どのように	なぜ

実際に話すときや書くときには、「はい」「いいえ」で答える疑問文の作り方が3つあるのに対応して、疑問詞を使う疑問文も3つの作り方があるので注意しましょう。

また、会話では「はい」「いいえ」だけでは答えられないため、答え方の文例やよくある会話のパターンをいっしょに見ておくのも早く慣れるためのポイントです。

練習問題 Exercices

1 次の会話が成り立つよう（　　）に適切な疑問副詞を選びましょう。

❶ Tu es (　　　　　) maintenant ?

　– Je suis à la gare.

❷ Sa mère, elle est (　　　　　)?

　– Elle est belle et intelligente.

❸ (　　　　　) coûte ce livre ?

　– Ça coûte 10 euros.

❹ (　　　　　) votre enfant pleure-t-il ?

　– Parce qu'il est triste.

❺ (　　　　　) est-ce qu'il arrive ?

　– Il arrivera vers minuit.

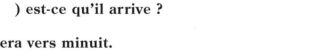

> pourquoi / comment / où / quand / combien

....

《解答》 1　❶ où　　　「きみはいまどこにいるの？」「駅にいるよ。」

　　　　　❷ comment　「彼のお母さん、どんな感じ？」「きれいだし、頭いいの。」

　　　　　❸ Combien　「この本はいくらですか？」「それは 10 ユーロです。」

　　　　　❹ Pourquoi　「なぜあなたの子どもは泣いているのですか？」「悲しいからです。」

　　　　　❺ Quand　　「いつ彼は到着しますか？」「真夜中ごろに到着するでしょう。」

🎤28

疑問代名詞
プロノン アンテロガティフ
pronom interrogatif

||||||||||||||||||||||||||||||||||||||||||||||||||||||||||||||||||||||||||||||||||||||||||||

疑問代名詞は「誰」と「何」の2つがあり、主語・目的語・属詞になります。

疑問代名詞

まずは2つの疑問代名詞を覚えましょう。

❶ qui 誰：人を尋ねる疑問詞です。
    キ

【例】 **Qui est-ce ?**　　これは誰ですか？
    キ　エ ス

❷ que（qu'）何：物を尋ねる疑問詞です。
    ク　（ク）

文章の最初にそれぞれ疑問代名詞
のquiとqueがついています。
この2つの文はもとの肯定文にすると
〈 C'est 〜 . 〉「これは〜です」の
　　セ
構文です。

＊文末または、前置詞の後ろでqueは強勢形quoiになります。
　　　　　　　　　　　　　　　　　　　　　　　コワ

【例】 **Qu'est-ce que c'est ?**　　これは何ですか？
    ケ ス ク セ

疑問代名詞を用いる疑問文の作り方

疑問文は3つの作り方があるので、内容は同じでも形の違う文章が基本的には
3つできます。

❶S＋V＋疑問詞	❷疑問詞＋est-ce que＋S＋V	❸疑問詞＋V＋S
〈カジュアルな疑問文〉	〈標準的な疑問文〉	〈丁寧な疑問文〉
イントネーションで表す	文頭に est-ce que をつける	主語と動詞の倒置
qui 誰 キ		
Vous cherchez qui ? ヴ シェるシェ キ	**Qui est-ce que vous cherchez ?** キ エ ス ク ヴ シェるシェ	**Qui cherchez-vous ?** キ シェるシェ ヴ
あなたは誰を探しているの？	あなたは誰を探していますか？	あなたは誰をお探しですか？
または **Tu cherches qui ?** テュ シェるシュ キ	または **Qui est-ce que tu cherches ?** キ エ ス ク テュ シェるシュ	
誰を探しているの？	きみは誰を探しているの？	
que (qu') (quoi) 何 ク （ク） （コワ）		
Vous cherchez quoi ? ヴ シェるシェ コワ	**Qu'est-ce que vous cherchez ?** ケ ス ク ヴ シェるシェ	**Que cherchez-vous ?** ク シェるシェ ヴ
あなたは何を探しているの？	あなたは何を探していますか？	あなたは何をお探しですか？
または **Tu cherches quoi?** テュ シェるシュ コワ	または **Qu'est-ce que tu cherches ?** ケ ス ク テュ シェるシュ	
何を探しているの？	きみは何を探しているの？	

（1）属詞（補語）としての疑問代名詞

〈 C'est ～ . 〉「これは～です」の構文で「～」の部分を「属詞」（＝英語の「補語」、フランス語では主語の性質などを示す部分であるため「属詞」）と呼びます。この属詞の部分を「誰」「何」と尋ねる例文を見てみましょう。

疑問詞の位置に注目	〈カジュアルな疑問文〉 イントネーションによる作り方 S ＋ V ＋ 疑問詞 ？ C'est ～ ？	〈標準的な疑問文〉 文頭に est-ce que をつける作り方 疑問詞 ＋ est-ce que ＋S ＋V ？ ～ est-ce que c'est ？	〈丁寧な疑問文〉 主語と動詞の倒置による作り方 疑問詞 ＋V ＋S ？ ～ est-ce ？
qui 誰	C'est qui ？ これは誰ですか？	日常的に使いません。	Qui est-ce ？ これは誰ですか？
que 何	C'est quoi ？ これは何ですか？ ＊文末または、前置詞の後ろで que→quoi	Qu'est-ce que c'est ？ これは何ですか？	日常的に使いません。

Que cherchez-vous ？

何をお探しですか？

（2）主語または目的語としての疑問代名詞

　疑問代名詞が主語や目的語の位置にくると、主語の場合には「誰が」「何が」、目的語の場合には「誰を」「何を」と訳します。疑問文で用いていた est-ce que に est-ce qui という変形パターンが加わり、疑問文を作る est-ce que が次の4パターンに分かれます。

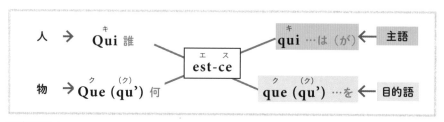

人 → **Qui** 誰		**qui** …は（が） ← 主語
	est-ce	
物 → **Que (qu')** 何		**que (qu')** …を ← 目的語

人　est-ce　主語	人　est-ce　目的語
Qui est-ce qui 〜？ 誰が〜ですか？	Qui est-ce que (qu') 〜？ 誰を〜ですか？
Qui est-ce qui chante ?	**Qui est-ce que vous cherchez ?**
誰が歌っているのですか？	あなたは誰を探していますか？

物　est-ce　主語	物　est-ce　目的語
Qu'est-ce qui 〜？ 何が〜ですか？	Qu'est-ce que (qu') 〜？ 何を〜ですか？
Qu'est-ce qui t'arrive ?	**Qu'est-ce que vous cherchez ?**
何が起きているのですか？ （きみに何が起きているの？＝どうしたの？）	あなたは何を探していますか？

＊「誰かにとって」という
　目的語を使わずに、
　Qu'est-ce qui arrive ?
　と言うこともできます。

練習問題 Exercices

1 次の会話が成り立つよう（　　）に適切な疑問代名詞を選びましょう。最初の
文字も小文字にしてあります。また、エリジョンすることがあります。

❶ （　　　　　　　　　） aimez-vous ?

　– J'aime cette chanteur.

❷ （　　　　　　　　　） il y a là-bas ?

　– Il y a un château.

❸ （　　　　　　　　　） faites-vous ?

　– Je fais la cuisine.

❹ （　　　　　　　　　） vous cherchez ?

　– Je cherche Pierre.

❺ À （　　　　　　　　　） pensez-vous ?

　– Je pense à mes examens.

---

qui / que / qui est-ce que / qu'est-ce que / quoi

《解答》 1 ❶ Qui 「あなたは誰を好きですか?」「私はこの歌手が好きです。」

　　　　＊主語と動詞の倒置による疑問文なので est-ce que は不要です。

❷ Qu'est-ce qu' 「あちらに何がありますか?」「お城があります。」

　　　　＊（　）＋主語＋動詞の語順なので、est-ce que (qu') を用いる疑問文です。

❸ Que 「あなたは何をしているのですか?」「料理をしています。」

　　　　＊主語と動詞の倒置による疑問文なので est-ce que は不要です。

❹ Qui est-ce que 「誰を探しているのですか?」「ピエールを探しています。」

　　　　＊（　）＋主語＋動詞の語順なので、est-ce que を用いる疑問文です。

❺ quoi 「あなたは何について考えていますか?」「試験について考えています。」

　　　　＊ penser à 〜「〜について考える」　＊前置詞の後ろで que は quoi になります。

🎤29

人称代名詞
<small>プロノン</small> <small>ぺるソネル</small>
pronom personnel

人称代名詞は、主語、補語、強勢形３つの種類に整理して確認していきます。

（1）主語人称代名詞

主語になる代名詞で、おもに「〜は」と訳します。肯定文では、基本的に文章の一番前に来ます。

単数				複数			
1人称	2人称	3人称		1人称	2人称	3人称	
<small>ジュ</small> je(j')	<small>テュ</small> tu	<small>イル</small> il	<small>エル</small> elle	<small>ヌ</small> nous	<small>ヴ</small> vous	<small>イル</small> ils	<small>エル</small> elles
私は	きみは	彼は	彼女は	私たちは	あなた(たち)は	彼らは	彼女たちは

> <small>ジョフる アン カドー ドゥ ノエル ア マ メール</small>
> **J'offre un cadeau de Noël à ma mère.**
>
> 私は母にクリスマスプレゼントを贈ります。

この例文を右ページで、目的補語人称代名詞を使った形にしていきましょう。

人称代名詞のまとめ 〈まずは主語・補語・強勢形の形を覚えましょう〉

		単数				複数			
		1人称	2人称	3人称		1人称	2人称	3人称	
		私	きみ	彼	彼女	私たち	あなた(たち)	彼ら	彼女たち
主語 〜は		<small>ジュ</small> je(j') 私は	<small>テュ</small> tu きみは	<small>イル</small> il 彼は	<small>エル</small> elle 彼女は	<small>ヌ</small> nous 私たちは	<small>ヴ</small> vous あなた(たち)は	<small>イル</small> ils 彼らは	<small>エル</small> elles 彼女たちは
補語	直接目的語 〜を	<small>ム</small> me(m') 私を	<small>トゥ</small> te(t') きみを	<small>ル</small> le(l') 彼を	<small>ラ</small> la(l') 彼女を	<small>ヌ</small> nous 私たちを	<small>ヴ</small> vous あなた(たち)を	<small>レ</small> les 彼らを	<small>レ</small> les 彼女たちを
	間接目的語 〜に	<small>ム</small> me(m') 私に	<small>トゥ</small> te(t') きみに	<small>リュイ</small> lui 彼に	<small>リュイ</small> lui 彼女に	<small>ヌ</small> nous 私たちに	<small>ヴ</small> vous あなた(たち)に	<small>ルる</small> leur 彼らに	<small>ルる</small> leur 彼女たちに
強勢形 〜		<small>モワ</small> moi 私	<small>トワ</small> toi きみ	<small>リュイ</small> lui 彼	<small>エル</small> elle 彼女	<small>ヌ</small> nous 私たち	<small>ヴ</small> vous あなた(たち)	<small>ウー</small> eux 彼ら	<small>エル</small> elles 彼女たち

＊後ろに母音または無音のhがくる場合、（　）のようにエリジョンします。
＊くわしくは、p.106-108で見ていきましょう。

（2）補語人称代名詞

人や物などの名詞を受け、くり返しを避けるために「それを」「彼に」などのように代名詞に置き換えることができます。それぞれ性・数に応じたものを用います。また、英語では動詞の後ろに来ますが、フランス語では動詞の直前に入れます。

つまり、フランス語特有のポイントは、性数に応じた形があること、動詞の直前に置くことの2点です。

❶ 直接目的補語人称代名詞

前置詞なしで直接的に動詞の目的語になる代名詞で、おもに「〜を」と訳します。

単数				複数			
1人称	2人称	3人称		1人称	2人称	3人称	
ム me(m')	トゥ te(t')	ル le(l')	ラ la(l')	ヌ nous	ヴ vous	レ les	レ les
私を	きみを	彼を それを	彼女を それを	私たちを	あなた(たち) を	彼らを それらを	彼女たちを それらを

【例】**ジュ ロフる ア マ メーる**
Je l'offre à ma mère.

私は母にそれを（←クリスマスプレゼントを）贈ります。

> l' は le または la で、男性または女性単数名詞なので、例文では
> アン カドー ドゥ ノエル
> un cadeau de Noël
> の代わりです。

❷ 間接目的補語人称代名詞

前置詞をともない間接的に動詞の目的語になる代名詞で、おもに「〜に」と訳します。

単数				複数			
1人称	2人称	3人称		1人称	2人称	3人称	
ム me(m')	トゥ te(t')	リュイ lui	リュイ lui	ヌ nous	ヴ vous	ルる leur	ルる leur
私に	きみに	彼に	彼女に	私たちに	あなた(たち)に	彼らに	彼女たちに

【例】**ジュ リュイ オフる アン カドー ドゥ ノエル**
Je lui offre un cadeau de Noël.

私は彼女に（←母に）クリスマスプレゼントを贈ります。

> lui は、男性または女性の単数だから、例文では、前置詞àのついた名詞
> ア マ メーる
> à ma mère の代わりです。

(3) 人称代名詞強勢形

主語人称代名詞を強めるための形です。次の3つの使い方があります。

単数				複数			
1人称	2人称	3人称		1人称	2人称	3人称	
モワ **moi**	トワ **toi**	リュイ **lui**	エル **elle**	ヌ **nous**	ヴ **vous**	ウー **eux**	エル **elles**
私	きみ	彼	彼女	私たち	あなた(たち)	彼ら	彼女たち

❶ 主語の強調

〔例〕

モワ　ジョフる　アン　カドー　ドゥ　ノエル　ア　マ　メーる
Moi, j'offre un cadeau de Noël à ma mère.

私、私は母へクリスマスプレゼントを贈るよ。

❷ 属詞として(動詞 être の後ろ)

〔例〕
セ　モワ　ジョフる　アン　カドー　ドゥ　ノエル　ア　マ　メーる
C'est moi. J'offre un cadeaux de Noël à ma mère.

それは私よ。私が母へクリスマスプレゼントを贈るの。

❸ 前置詞の後ろ

〔例〕
ヌ　ゾフろン　デ　カドー　ドゥ　ノエル　オ
Nous offrons des cadeaux de Noël aux
ゾるフラン　シェ　ズー
orphelins chez eux.

私たちは孤児たちに彼らの家でクリスマスプレゼントを贈ります。

練習問題 Exercices

🔊 30

1 音声を聞いて（　　）に当てはまる直接目的補語「〜を」を入れましょう。
＊後ろに続く語が、母音または無音のhの場合、エリジョンするので気をつけましょう。

❶ Je （　　　　　） invite au restaurant ce soir.

今晩は、私があなたをレストランに招待します（＝ごちそうします）。

❷ Tu connais cet acteur ? - Oui, je （　　　　　） adore.

この俳優を知ってる?　　　　　　　　 - ええ、彼のこと大好きだわ。

2 音声を聞いて（　　）に当てはまる間接目的補語「〜に」を入れましょう。
＊後ろに続く語が、母音または無音のhの場合、エリジョンするので気をつけましょう。

❶ Je （　　　　　） offre un cadeau.

（私は）きみにプレゼントを贈ります。

ヒント **offrir** 動「〜を贈る、プレゼントする」。 **cadeau** m.「贈り物、プレゼント」

❷ On va chez Jean en bus ou en métro ? - Ça （　　　　　） est égal.

ジャンの家にはバスで行く? それとも地下鉄で行く? - （私にとっては）どちらでもかまわないよ。

ヒント **égal à〜** （間接目的補語）「（ à 〜）にとってどうでもいい」、**en bus**「バス
で」、**en métro**「地下鉄で、メトロで」

3 音声を聞いて（　　）に当てはまる補語人称代名詞を入れましょう。
＊後ろに続く語が、母音または無音のhの場合、エリジョンするので気をつけましょう。

❶ Je （　　　　　） aime.　　　　　　　　　私はあなたを愛しています。

❷ Tu peux （　　　　　） passer le sel ?　　（私に）お塩を取ってもらえますか?

ヒント **passer** 動「〜を手渡す」、**sel** m.「塩」

《解答》　**1** ❶ t'（te のエリジョンの形）　　❷ l'（le のエリジョンの形）
　　　　　2 ❶ t'（te のエリジョンの形）　　❷ m'（me のエリジョンの形）
　　　　　3 ❶ t'（te のエリジョンの形）　　❷ me

中性代名詞
プロノン　　　　ヌートる
pronom neutre

中性代名詞は、性数の区別なく使える便利な代名詞で3つの種類があります。

中性代名詞

　物や事などの名詞を受け、くり返しを避けるために「それを」「それに」などのように代名詞に置き換えることができます。ここで学ぶのは、名詞の性・数にかかわらず使うことのできる3つの中性代名詞y, en, le です。

　いっぽう、補語人称代名詞は、それぞれ性・数に応じたものに用いる代名詞です（補語人称代名詞→p.107）。

> 代名詞は、前に出てきた名詞の代わりとなり、基本的に動詞の直前に置かれます。

(1) 中性代名詞 y

　中性代名詞yには2つの用法があります。目印は〈前置詞à＋名詞〉です。

❶〈前置詞à＋場所を示す名詞〉

　中性代名詞yは、前に出てきた〈前置詞à＋場所を示す名詞〉の代わりとなり、「そこへ、そこに」などのように訳します。この用法の場合、前置詞はà以外にも、場所を示す前置詞dansやen も含みます。

【例】**Tu vas à Paris ?**　きみはパリへ行くの?

-Oui, j'y vais. (← Oui, je vais à Paris.)
　-うん、（そこへ）行くよ。（←うん、パリへ行くよ。）

❷〈前置詞 à ＋物／事を示す名詞〉

　中性代名詞 y は、前に出てきた〈前置詞 à ＋物／事を示す名詞〉の代わりにもなります。「それに（ついて）、それに（関して）」のようなニュアンスで考えると理解しやすいです。この用法の場合、使われる前置詞は à だけです。

【例】**Tu penses à tes examens ?**　きみは試験のことを考えてるの?
　　　–Oui, j'y pense. (← Oui, je pense à mes examens.)
　　　-うん、（それについて）考えてる。

 〈前置詞 à ＋名詞（物／事）〉の用法

　この〈前置詞 à ＋名詞（物／事）〉の用法では、動詞にどの前置詞がともなうのかをあらかじめ知っておく必要があります。辞書をひくときに日ごろから注意深く調べておく習慣をつけましょう。

● penser à ～（物／事）：（物／事）について考える
● répondre à ～（物／事）：（物／事）に答える、返事（の手紙）を送る　など

【例】**Il répond à votre question ?**　彼はあなたの質問に答えていますか?
　　　–Non, il n'y répond pas. (←Non, il ne répond pas à ma question.)
　　　- いいえ、彼は（それについて）答えていません。

　なお、〈前置詞 à ＋名詞（人）〉となる場合は補語人称代名詞を用いるので気をつけましょう（補語人称代名詞→p.107）。

● penser à ～（人）：～（人）について考える
● répondre à ～（人）：～（人）に答える、返信する

動詞を覚えるときには意味や活用だけでなく、前置詞をつけて覚えるのがコツです!

【例】**Tu réponds à Sophie ?**　きみはソフィに返事をする?
　　　–Oui, je lui réponds. (←Oui, je réponds à Sophie.)
　　　- うん、（彼女に）返事をするよ。

(2) 中性代名詞en

中性代名詞enにも2つの用法があります。目印は〈前置詞de＋名詞〉です。

❶〈不定冠詞/部分冠詞/数量表現＋物/事を示す名詞〉

中性代名詞enは、前に出てきた〈不定冠詞/部分冠詞/数量表現＋物/事を示す名詞〉の代わりとなり、「それを」などのように訳します。この用法の場合、名詞には、〈不定冠詞un, une, des＋名詞〉〈部分冠詞du, de la＋名詞〉〈数量表現＋名詞〉が含まれます。

【例】 Tu veux du café ?　コーヒー、ほしい?

　　　-Oui, j'en veux. (← Oui, je veux du café.)

　　-うん、（それを）ほしいよ。　（←うん、コーヒーをほしいよ。）

 〈数量表現＋名詞 （物/事）〉の用法

〈不定冠詞/部分冠詞＋名詞〉ではなく、〈数量表現＋名詞〉の場合には、〈de＋名詞〉のみが〈en〉となって動詞の前に入り、数量表現はそのまま後ろに残るので気をつけましょう。

【例】 Il achète beaucoup de pommes ?　彼はたくさんのリンゴを買いますか?

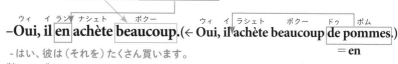
　-Oui, il en achète beaucoup.(← Oui, il achète beaucoup de pommes.)
　　　　　　　　　　　　　　　　　　　　　　　　　　　　＝ en

　- はい、彼は（それを）たくさん買います。

〈beaucoup de＋名詞〉「たくさんの〜」の数量表現です。〈de＋名詞〉のみが〈en〉になり動詞の前に来ます。beaucoup「たくさん」は後ろに残ります。

【例】 Vous avez deux frères ?　あなたには兄弟が2人いるのですか?

　　　-Oui, j'en ai deux. (← Oui, j'ai deux frères.)
　　　　　　　　　　　　　　　　　　　　　　　　　　＝ en

　- ええ、2人います。

数詞＋名詞「○個の〜、○人の」も同様で、数詞が数量を表しているので、じつは〈数字＋de＋名詞〉（deux pommes「2個のリンゴ」≒ deux (de) pommes「リンゴ2個分」のようなニュアンス）であると考えるとよくわかります。

112

❷〈前置詞 de ＋物・事を示す名詞〉

　中性代名詞 en は、前に出てきた〈前置詞 de ＋名詞（物 / 事）〉の代わりとなり、「それを、それについて」（場所を示す名詞の場合は「そこから」）などのように訳します。この用法の場合、前置詞は de のみに限られます。

【例】 **Tu viens de Paris ?**　きみはパリから来たの？
テュ ヴィヤン ドゥ パリ

　　　–Oui, j'en viens. (← Oui, je viens de Paris.)
ウィ ジャン ヴィヤン　　ウィ ジュ ヴィヤン ドゥ パリ

　-うん、（そこから）来たよ。　（←うん、パリから来たよ。）

　　　Il parle de ses vacances ? –Oui, il en parle.
イル パルル ドゥ セ ヴァカンス　　ウィ イ ラン パルル

彼は休暇について話していますか？　　　　　- はい、それについて話しています。

(3) 中性代名詞 le

　中性代名詞 le は、〈前に出てきた文の意味内容〉を受ける代名詞です。（後ろに母音または無音の h がくる場合、l' とエリジョンします。）中性代名詞 le には 3 つの用法があります。

　目印となるものがないので、下記の 3 つの用法を参照し、〈前文の意味内容〉を理解することが大切です。「そう」「それを」「そうだと（そうであると）」などのように訳すと理解しやすいでしょう。

❶ 前文全体の代わり

【例】 **Pierre est malade. –Ah, je ne le savais pas.**
ピエール エ マラード　　ア ジュ ヌ ル サヴェ パ

ピエールは病気です。　　　-え、そうだと（←ピエールが病気だと）は知りませんでした。

❷ 属詞（形容詞や副詞）の代わり

【例】 **Tu es heureuse ? –Oui, je le suis.**
テュ エ ウルーズ　　ウィ ジュ ル スュイ

きみは幸せなの？　　　- ええ、そう（←幸せ）よ。

❸ 動詞の不定法（動詞の原形）の代わり

【例】 **Il faut partir tout de suite ? –Oui, il le faut.**
イル フォ パルティール トゥ ドゥ スュイット　　ウィ イル ル フォ

すぐに出発しなければなりませんか？　　　- ええ、そう（←出発することを）しなければなりません。

もう一歩！ Un pas de plus! 中性代名詞en/y/補語人称代名詞を併用する場合

中性代名詞en, y とほかの補語人称代名詞を併用するときは、次の順番です。

> 補語人称代名詞 → 中性代名詞 y → 中性代名詞 en

【例】Je vous en donne. (← Je vous donne des fleurs.)

私はあなたにそれをあげます。(←私はあなたに花をあげます。)

Il y en a encore une. (← Il y a encore une pomme dans le panier.)

まだそこにそれが1つあります。(←カゴの中にまだリンゴが1つあります。)

中性代名詞のまとめ 〈名詞の性・数にかかわらず使うことができる便利な3つの代名詞〉

中性代名詞	内　容	位　置
y	**前置詞à＋名詞の代わり** ●à＋名詞（物／事） ●à, dans, en など＋名詞（場所）	動詞の直前
en	**前置詞de＋名詞の代わり** ●不定冠詞／部分冠詞／数量表現＋名詞 ●de＋名詞（物／事）	動詞の直前
le	**前文の意味内容の代わり** ●前文全体 ●属詞（形容詞・副詞・過去分詞） ●動詞の不定法（＝動詞の原形）	動詞の直前

練習問題 Exercices

1 次の文章の（　　）に最もふさわしい中性代名詞を入れましょう。

① **Elle a des amis français ?**

　　– **Oui, elle (　　　　) a beaucoup.**

　彼女にはフランス人の友人がいますか？ – はい、たくさんいます。

　　　ヒント Oui, elle a beaucoup d'amis français. → Oui, elle (　) a beaucoup.

② **Il habite dans cette ville ?**

　　– **Oui, il (　　　　) habite depuis longtemps.**

　彼はこの町に住んでいますか？ – はい、ずっと前から住んでいます。

　　　　　　　　　　ヒント dans cette ville「この町に」→（　）

③ **Il y a combien d'élèves dans votre classe ?**

　　– **Il y (　　　　) a vingt.**

　あなたのクラスには何人の生徒がいますか？ – 20人います。

　　　　　　　　　　ヒント vingt élèves「20人の生徒」→（　）

④ **Vous voulez encore du café ?**

　　– **Oui, j'(　　　　) veux bien. Merci.**

　もっとコーヒーをいかがですか？ – ええ、いただきます。ありがとう。

　　　　　　　　　　ヒント du café「いくらかの量のコーヒー」→（　）

⑤ **Ton père arrive quand ? – Je ne (　　　　) sais pas.**

　きみのお父さんはいつ到着するの？ – わからないの。

　　　　　　ヒント「きみの父がいつ到着するか？」「私は（そのことを）知らない」→（　）

《解答》 1　　① en　　　② y　　　③ en　　　④ en　　　⑤ le

🎤 32

指示代名詞

プロノン　　　　　デモンストらティフ
pronom démonstratif

指示代名詞には、性数によって変化しないものと、変化するものがあります。

指示代名詞

指示代名詞は、目の前にあるものや、前に出てきた名詞を受けて「これ（ら）」「あれ（ら）」「それ（ら）」とその名詞の代わりになって指し示す言い方です。

（1）性数によって変化しない指示代名詞

ス　　　　　　　　　　　　　　　　　　　　　　　　　　　　　ススィ　　　　　　　　　　スラ　　サ
❶ ce（c'）　これ、それ、あれ　　❷ ceci　これ、それ / cela（ça）　それ、あれ
＊母音の前でc'とエリジョンします。

❶ ce（c'）　つねにêtreの主語となり、属詞が名詞の場合は人もさすことができます（→p.51）。また、関係代名詞の先行詞となることもあります。単数および複数、あるいは遠近「これ（ら）」「あれ（ら）」「それ（ら）」いずれにも使い、とくに訳す必要がないこともあります。

　　　　　セ　タン　ネクリヴァン
【例】**C'est un écrivain.**　　それは作家です。

　　　　　セ　トれ　ジャンティ
　　　　C'est très gentil.　　（それは）とてもご親切に。

❷ ceciとcela（ça）　普通の名詞と同じように、主語や目的補語として用いられます。つねに物や事柄を指し示し、原則として ceci「近い物 / 事」、cela「遠い物 / 事」を受けます。なお、çaはcelaの簡略な形です。

　　　　ジュ　プれフェーる　ススィ　ア　スラ
【例】**Je préfère ceci à cela.**　　私はあちらよりもこちらが好みです。

　　　　サ　ヴァ　　ウィ　サ　ヴァ
　　　　Ça va ? –Oui, ça va.　　元気ですか? - ええ、元気です。

(2) 性数によって変化する指示代名詞

指示形容詞の ce と、
人称代名詞の強勢形
lui, elle, eux, elles
の組み合わせですね!

	～のそれ、～の人 (物)	
	単数	複数
男性	スリュイ **celui**	ス **ceux**
女性	セル **celle**	セル **celles**

すでに話題にのぼった名詞 (人または物) を受けます。必ず後ろに、所有者を示す〈前置詞 de ＋人〉、あるいは関係代名詞などの限定をともないます。

【例】 ヴォワスィ　モン　スティロ　エ　スリュイ　ドゥ　ピエーる
Voici mon stylo et celui de Pierre.

↑　＊celui は既出の男性単数名詞＝stylo

ル　スティロ　ドゥ　ピエーる
le stylo de Pierre

ここに、私のペンとピエールのそれ (←ペン) があります。

モン　スティロ
mon stylo
私のペン

スリュイ　ドゥ　ピエーる
celui de Pierre
ピエールのペン

遠近の関係を表すには後ろに -ci, -là をつけて区別します。また、この形は既出の名詞を受けずに直接人を指すこともあります。

【例】 ヴォワラ　ドゥ　メゾン
Voilà deux maisons.

セル　スィ　エ　タ　モン　ペーる　セル　ラ　エ　タ　モン　ノンクル
Celle-ci est à mon père, celle-là est à mon oncle.

↑　　　　　　　　　↑　＊celle は既出の女性単数名詞＝maison

ラ　メゾン　スィ
la maison-ci

ラ　メゾン　ラ
la maison-là

そこに2軒の家があります。こちら (のそれ←家) が父の、あちら (のそれ←家) がおじの家です。

指示形容詞と指示代名詞のまとめ 〈表でまとめて覚えておきましょう〉

*指示形容詞（→ p.86-87）のついた名詞にも、指示代名詞（代名詞はすでに名詞を含んでいる）にも、それぞれの語末に -ci や -là をつけて遠近の区別を示すことができます。

指示代名詞（性数の変化なし）	
ス **ce** これ、それ、あれ	ススィ **ceci** これ（近いもの） スラ サ **cela (ça)** あれ（遠いもの）

指示形容詞（性数の変化あり）				指示代名詞（性数の変化あり）		
	単数	複数			単数	複数
男性	ス セット **ce (cet)** この、その、あの	セ **ces** これらの、 それらの、 あれらの	男性		スリュイ **celui** これ、それ、あれ	ス **ceux** これら、それら、あれら
女性	セット **cette** この、その、あの		女性		セル **celle** これ、それ、あれ	セル **celles** これら、それら、あれら

さまざまな不定代名詞と不定形容詞

代名詞には、すでに学んだ人称代名詞（→ p.106-109）とこの課で学んだ指示代名詞以外にも、不定代名詞、不定形容詞という便利で役立つ表現があります。

肯定的な意味の不定代名詞と不定形容詞	否定的な意味の不定代名詞と不定形容詞
オン **on** 人、人々、私たち（=nous） *on は 3 人称単数扱い	
オン マンジュ デュ リ オ ジャポン **On mange du riz au Japon.** 日本では米を食べます。	
ケルカン **quelqu'un** 誰か	ぺるソンヌ **personne** 誰も〜ない
イ リ ヤ ケルカン **Il y a quelqu'un ?** 誰かいますか?	イル ニ ヤ ぺるソンヌ **Il n'y a personne ?** 誰もいませんか?
ケルク ショーズ **quelque chose** 何か	リヤン **rien** 何も〜ない
テュ ア ケルク ショーザ マンジェ **Tu as quelque chose à manger ?** 何か食べるものを持ってる?	ジュ ヌ マンジュ リヤン ドゥビュイ ス マタン **Je ne mange rien depuis ce matin.** 私は今朝から何も食べていません。
シャク **chaque** それぞれの、どんな〜	オカン / オキュネ **aucun / aucune** どんな〜もない
ジュ らントる シェ メ パらン シャカネ **Je rentre chez mes parents chaque année.** 私は毎年両親の家に帰ります。	イル ニ ヤ オカン ススィ **Il n'y a aucun souci.** 何の（どんな）心配もありません。

118

練習問題 Exercices

🎤 33

1 音声を聞いて（　　）内に当てはまる指示代名詞を聞き取りましょう。

❶ **J'ai deux cravates.** ネクタイが2本あるんだ。

Tu aimes (　　　) -ci ou (　　　)-là ?

きみはこちらが好き? それともあちらが好き?

❷ **Nous vous conseillons deux vins blancs.**

2つの白ワインをおすすめします。

(　　　) -ci est plus fruité et (　　　)-là est plus sec.

こちらはよりフルーティーで、あちらはより辛口です。

❸ **Je cherche des gants.** 手袋を探しています。

Vous avez (　　　)-là en rouge ?

こちらの赤い色はありますか?

2 （　　）内に指示代名詞を入れてみましょう。さらに具体的に指し示すために、名詞のあとに遠近の関係を示す -ci, -là もつけてみましょう。

❶ **Voulez-vous ce gâteau ?** このケーキをお求めですか?

-Oui, je voudrais (　　　　).

- はい、こちらのほうのケーキをください。

❷ **Vous préférez cette jupe ?** そのスカートがお好みですか?

-Non, je préfère plutôt (　　　　).

- いいえ、むしろあちらのほうのスカートが好みだわ。

....

《解答》 1 ❶celle, celle　　❷Celui, celui　　❸ceux

2 ❶celui-ci　　❷celle-là

🎤 34

所有代名詞
プロノン　ポセスィフ
pronom possessif

所有代名詞は、「私のもの」のように所有を示す名詞の代わりになる言い方です。

所有代名詞

所有を示す名詞の代わりになります。英語の所有代名詞の考え方と同じです

（I, my, me, mine の mine「私のもの」に相当します）。英語と違って、フランス語

では名詞の性数に応じて形が変わります。また定冠詞とともに用います。

	私のもの	
	単数	複数
男性	ル　ミヤン **le mien**	レ　ミヤン **les miens**
女性	ラ　ミエンヌ **la mienne**	レ　ミエンヌ **les miennes**

ヴォトる　メーる　エ　プリュ　グらーンド　ク　ラ　ミエンヌ
【例】**Votre mère est plus grande que la mienne.**

あなたのお母さんは私の（←お母さん）より背が高いです。

＊la mienne（← ma mère）：mère は女性単数名詞
＊比較級は第4章で学びます（→p.190）。

トン　ノるディナトゥーる　エ　モワン　シェーる　ク　ル　ミヤン
Ton ordinateur est moins cher que le mien.

きみのパソコンはぼくのもの（←私のパソコン）より安い。

＊le mien（← mon ordinateur）：ordinateur は男性単数名詞
＊比較級は第4章で学びます（→p.190）。
＊劣等比較 moins cher は、「高くない＝安い」と考えます。

自分のペットや持ち物について話してみよう！

「私の〜」と自分のペットや持ち物について話してみましょう。性数の使い分けは、所有者の性数ではなく名詞の性数に合わせるのがポイントです。

つまり**所有者の性数ではなく、所有されている物の性数に合わせます**。

【例】**C'est ton chien ?**
　　　（セ　トン　シャン）

それはきみの犬？

–Oui, c'est le mien.
　　（ウィ　セ　ル　ミヤン）

- うん、これは私の（←犬）だよ。

	単数	複数
男性	**le mien** (← mon chien) （ル　ミヤン）　　（モン　シャン） 私の雄犬	**les miens** (← mes chiens) （レ　ミヤン）　　（メ　シャン） 私の雄犬たち
女性	**la mienne** (← ma chienne) （ラ　ミエンヌ）　　（マ　シエンヌ） 私の雌犬	**les miennes** (← mes chiennes) （レ　ミエンヌ）　　（メ　シエンヌ） 私の雌犬たち

＊本来chien（シャン）「犬」は男性名詞ですが、近年では愛玩犬（ペット）として人間のように性を区別する人もいます。

友だちに、ペットや持ち物の
ことを聞いてみたり、
写真を見せながら、
自分のペットや持ち物のことも
話してみてください。

所有代名詞のまとめ 〈名詞の性・数に合わせて使い分けます!〉

　所有代名詞も、名詞の性・数に応じた形を使い分ける必要があります。「私のもの」をマジックボックスで見てきましたが、「きみのもの」から「彼らのもの」までの他の5つも同じようにして考えると、下のような表で表すことができます。

　次の2つの点に注意しましょう!

① 定冠詞とともに用います。

② 性・数の使い分けは、所有者ではなく所有されている名詞に合わせます。

	単数		複数	
	男性	女性	男性	女性
私のもの	ル ミヤン le mien	ラ ミエンヌ la mienne	レ ミヤン les miens	レ ミエンヌ les miennes
きみのもの	ル ティヤン le tien	ラ ティエンヌ la tienne	レ ティヤン les tiens	レ ティエンヌ les tiennes
彼(彼女)のもの	ル スィヤン le sien	ラ スィエンヌ la sienne	レ スィヤン les siens	レ スィエンヌ les siennes
私たちのもの	ル ノートる le nôtre	ラ ノートる la nôtre	レ ノートる les nôtres	
あなた(たち)のもの	ル ヴォートる le vôtre	ラ ヴォートる la vôtre	レ ヴォートる les vôtres	
彼ら(彼女たち)のもの	ル ルーる le leur	ラ ルーる la leur	レ ルーる les leurs	

名詞の性・数を常に意識
することが大切ですね。

練習問題 Exercices

1 所有代名詞を用いて「私の〜」を「私のもの」と言ってみましょう。

① **mon sac** → （　　　　　）（　　　　　）

私のカバン　　　　　　　　私のもの

② **mes amies** → （　　　　　）（　　　　　）

私の友人たち　　　　　　　私のもの

③ **ma maison** → （　　　　　）（　　　　　）

私の家　　　　　　　　　　私のもの

2 所有代名詞を用いて「〜の〜」を「〜のもの」と言ってみましょう。

① **mon stylo** → （　　　　　）（　　　　　）

私の鉛筆　　　　　　　　　私のもの

② **sa famille** → （　　　　　）（　　　　　）

彼（彼女）の家族　　　　　彼（彼女）のもの

③ **tes chiens** → （　　　　　）（　　　　　）

きみの犬たち　　　　　　　きみのもの

④ **leur chat** → （　　　　　）（　　　　　）

彼ら（彼女たち）の猫　　　彼ら（彼女たち）のもの

3 （　　　　）に当てはまる所有代名詞を入れましょう。

① **Ce sont tes clefs ?**　　　　　これはきみの鍵ですか？

- Oui, ce sont les （　　　　）. - はい、これは私のものです。

② **Est-ce notre ordinateur ?**　　これは私たちのパソコンですか？

- Non ce n'est pas le （　　　　）. - いいえ、これは私たちのものではありません。

《解答》 1 **①** le mien　**②** les miennes　**③** la mienne

2 **①** le mien　**②** la sienne　**③** les tiens　**④** le leur

3 **①** miennes　**②** nôtre

Chapitre2 品詞の基本

数量副詞と数量表現

量を表す副詞とともに、量や数量の言い方を学んでおきましょう。

量を表す副詞と副詞句			
beaucoup ボクー たくさん、大いに	**un peu** アン プー 少し	**trop** トロ あまりにも	**environ** アンヴィロン およそ、約
à peine ア ペンヌ わずかに	**peu** プー ほとんど〜ない	**assez** アッセ かなり、十分	**tout à fait** トゥ タ フェ まったく、ちょうど

数量の表し方		
数字 + 名詞	**trois pommes** トロワ ポム	3個のリンゴ
数字 + 単位 + de + 名詞	**trois kilos de pommes** トロワ キロ ドゥ ポム	3キロのリンゴ
数量副詞 + de + 名詞	**beaucoup de sucre** ボクー ドゥ スュクる	たくさんの砂糖
	un peu de sucre アン プー ドゥ スュクる	少しの砂糖
	assez de sucre アッセ ドゥ スュクる	かなりの砂糖
	trop de sucre トロ ドゥ スュクる	あまりに多くの砂糖
疑問副詞* + de + 名詞	**combien de pommes ?** コンビヤン ドゥ ポム	いくつのリンゴ?

＊疑問副詞（→p.98）

さまざまな数量の単位	
数字+単位+de +無冠詞名詞	
un kilo de pommes アン キロ ドゥ ポム	1キロのリンゴ
un litre de lait アン リットる ドゥ レ	1リットルの牛乳
un mètre d'ici アン メートる ディスィ	ここから1メートル
une bouteille de vin ユヌ ブテイユ ドゥ ヴァン	1本のワイン
une tasse de café ユヌ タス ドゥ カフェ	1杯のコーヒー
un verre d'eau アン ヴェーる ド	1カップの水
une feuille de papier ユヌ フイユ ドゥ パピエ	1枚の紙
un morceau de pain アン もルソー ドゥ パン	1片のパン

数量表現がわかると、フランス料理やフランス菓子のレシピも読めますね。

動詞の時制と
用法

🎙 35

直説法現在 (1) 第1群規則動詞の活用

アンディカフ　　プレザン
indicatif présent (1)

||||||||||||||||||||||||||||||||||||||||||||||||||||||||||||||||||||||||||||||||||||||||||||||||||

動詞の現在形、まずは第1群規則動詞の活用を使いこなせるようになりましょう。

規則動詞と不規則動詞

フランス語の動詞は原形の語尾の特徴から3つに大別することができます。

❶ **第1群規則動詞**：原形の語尾が -er で終わる動詞のほぼすべてのもの

❷ **第2群規則動詞**：原形の語尾が -ir で終わる動詞の多くのもの

❸ **第3群動詞**：　　動詞の原形の語尾が -re や -oir で終わる動詞など

　そのうえで、❷の語尾をもつ一部の動詞や❸の語尾をもつ動詞で、とくに固有の活用パターンをもつ動詞を不規則動詞と呼びます。

動詞	動詞の分類	語尾の特徴	具体的な動詞の例
規則動詞	❶ 第1群規則動詞	原形の語尾が -er	**parler, étudier, aimer** など、全動詞の約90%
	❷ 第2群規則動詞	原形の語尾が -ir	**finir, choisir, réussir** など、全動詞の約7.5%
	❸ 第3群動詞	原形の語尾が -re や -oir（一部の -ir 動詞も含む）	**vivre, mettre, écrire, boire** など、基本形、変異形、2語幹タイプ、3語幹タイプなど、特徴的な活用形をもつ動詞
不規則動詞	不規則動詞	上記の一部	**être, avoir, faire** など、とくに第2群・第3群で固有の活用形をもつ20～50個程度の動詞

初級のフランス語では、第1群規則動詞と第2群規則動詞の活用、そして不規則動詞の活用を20個程度覚えて使えることが目標となります。
さっそく順に学んでいきましょう！

第1群規則動詞

フランス語の動詞の特徴として押さえておきたい最初のポイントは、

主語に応じて6つの語尾に変化すること

です。そのなかでもとくに第1群規則動詞の特徴は、

原形の語尾が-erで終わり、その語尾が次のように変化すること

でした。活用語尾はもう覚えられましたか？ それでは復習です。

第1群規則動詞の活用

　第1群規則動詞の活用については、すでに第2章のLeçon4「動詞」で勉強したとおりです (→p.72〜)。フランス語の動詞の90%を占める活用形なので、動詞の活用形のなかでもまず最初に覚えましょう。

動詞の原形の語尾が -er で終わる規則動詞の活用				
	単数形		複数形	
1人称	ジュ **je**	-e	ヌ **nous**	オン -ons
2人称	テュ **tu**	-es	ヴ **vous**	エ -ez
3人称	イル **il**	-e	イル **ils**	-ent
	エル **elle**	-e	エル **elles**	-ent

＊ -e、-es、-ent は発音しません。

第1群規則動詞の活用は
そのまま覚えて
しまいましょう！

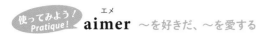
使ってみよう！ Pratique! **aimer** 〜を好きだ、〜を愛する

動詞の原形　aimer　〜が好きだ、〜を愛する		
	単数形	複数形
1人称	**j'aime** （ジェム）私は〜を好きだ	**nous aimons** （ヌ ゼモン）私たちは〜を好きだ
2人称	**tu aimes** （テュ エム）きみは〜を好きだ	**vous aimez** （ヴ ゼメ）あなた（たち）は〜を好きだ
3人称	**il aime** （イ レム）彼は〜を好きだ	**ils aiment** （イル ゼム）彼らは〜を好きだ
	elle aime （エ レム）彼女は〜を好きだ	**elles aiment** （エル ゼム）彼女たちは〜を好きだ

＊最初の文字が母音または無音のhで始まる場合、je は j' にエリジョン、il と elle はアンシェ
ヌマン、nous、vous、ils、elles はリエゾンして動詞の最初の文字と続けて発音します
（→ p.15,74）。

語彙 Vocabulaire! 趣味や好みに関する名詞

la musique（ラ ミュズィック）音楽	**les chansons**（レ シャンソン）歌	**la danse**（ラ ダーンス）舞踊	**le théâtre**（ル テアートる）演劇、芝居（劇場）
le cinéma（ル シネマ）映画（映画館）	**les films**（レ フィルム）映画作品	**la peinture**（ラ パンテューる）絵画	**la lecture**（ラ レクテューる）読書
le sport（ル スポーる）スポーツ	**la natation**（ラ ナタスィオン）水泳	**le vélo**（ル ヴェロ）自転車	**le marathon**（ル マらトン）マラソン
le football（ル フット(ボル)）サッカー	**le ski**（ル スキ）スキー	**le ballet**（ル バレ）バレエ	**le tennis**（ル テニス）テニス
les chiens（レ シャン）犬	**les chats**（レ シャ）猫	**les chocolats**（レ ショコラ）チョコレート	**les gâteaux**（レ ガトー）ケーキ
la cuisine（ラ キュイズィーヌ）料理	**la pâtisserie**（ラ パティスリ）菓子（菓子店）	**les baguettes**（レ バゲット）フランスパン	**les croissants**（レ クろワサン）クロワッサン

＊趣味や好みを言う場合、名詞には、総称を示す定冠詞（le、la、les）を用います。
＊不可算名詞（数えられない名詞）には単数形、可算名詞（数えられる名詞）には複数形を
用います。
【例】J'adore la musique.（ジャドる ラ ミュズィック）　音楽が大好きです。（「音楽」は不可算名詞）
J'adore les chansons.（ジャドる レ シャンソン）歌が大好きです。（「歌」は可算名詞）
＊aimer「〜を好きだ」、adorer「〜を大好きだ」、préférer「〜をより好む」、détester「〜
をきらいだ」など好き嫌いを述べる動詞で、趣味や好みを伝えましょう。
＊〈aimer＋動詞の原形〉で「〜することが好きです」と伝えることもできます。

練習問題 Exercices

1 （　　）内の動詞aimer「好きだ」、adorer「大好きだ」を、主語に応じて適切な活用形にしましょう。

❶ Tu (　aimer　) le sport ?　– Oui, j'(　aimer　) le tennis.

きみはスポーツが好き?　　　　　　- うん、テニスが好き。

❷ Est-ce que vous (　aimer　) l'opéra ?　あなたはオペラはお好きですか?

　– Oui, j' (　aimer　) ça. J'(　adorer　) le ballet.

　- はい、好きです。バレエも大好きです。

＊ça「それを」= l'opéra「オペラを」

❸ Mon frère, il (　adorer　) le cinéma. Il (　aimer　) aller au cinéma.

　Mais sa femme, elle, (　aimer　) regarder des films à la maison.

　私の兄は映画が大好きです。彼は映画館に行くのが好きです。けれども、彼の妻は家で映画（作品）を見るのが好きです。

2 動詞chanter「歌う」とétudier「勉強する」を、主語に応じて適切な活用形にしましょう。

❶ Vous aimez chanter ?　あなたは歌うのが好きですか?

　– Oui, j'aime chanter. Je (　chanter　) tous les jours.

　- はい、歌うのが好きです。毎日歌います。

❷ Vous (　étudier　) le français ?　フランス語を勉強しているのですか?

　– Oui, j'(　étudier　) le français depuis un an.

　- はい、1年前からフランス語を勉強しています。

＊言語は第2章 Leçon 4「動詞」参照（→p.72）。動詞parler「話す」の後ろは無冠詞で言語を入れますが、動詞étudierの後ろのle français「フランス語」は言語を教科や科目として考えて定冠詞leをつけます。

【例】Vous parlez japonais ? / Vous étudiez le japonais ?

・・

《解答》　**1**　❶aimes / aime　❷aimez / aime / adore　❸adore / aime / aime

　　　　　2　❶chante　❷étudiez / étudie

🎤36

直説法現在 (2) 第2群規則動詞の活用
indicatif présent (2)
アンディカティフ　　プれザン

動詞の現在形、次に第2群規則動詞とその特徴をみてみましょう。

第2群規則動詞

第2群規則動詞は、フランス語の動詞の7.5%程度を占めるにとどまります。むしろ不規則動詞のほうに日常的な使用頻度が高い動詞が多いため、覚える優先順位は不規則動詞を覚えた後にしてもいいかもしれません。

第2群規則動詞の活用

第2群規則動詞は、動詞の原形の語尾が -ir で終わるため、「-ir 動詞」とも呼ばれます。なお、語尾が -ir で終わる動詞のすべてがこの第2群規則動詞に当てはまるわけではなく、一部の動詞は不規則動詞として扱われます。

動詞の原形の語尾が -ir で終わる規則動詞の活用			
	単数形		複数形	
1人称	**je** ジュ	-is イ	**nous** ヌ	-issons イソン
2人称	**tu** テュ	-is イ	**vous** ヴ	-issez イセ
3人称	**il** イル	-it イ	**ils** イル	-issent イス
	elle エル	-it イ	**elles** エル	-issent イス

使ってみよう！ Pratique! フィニーる **finir** 〜を終える、終わる

動詞の原形　　finir 〜を終える、終わる			
	単数形		複数形
1人称	ジュ フィニ **je finis** 私は終える		ヌ フィニソン **nous finissons** 私たちは終える
2人称	テュ フィニ **tu finis** きみは終える		ヴ フィニセ **vous finissez** あなた（たち）は終える
3人称	イル フィニ **il finit** 彼は終える / それは終わる		イル フィニス **ils finissent** 彼らは終える / それらは終わる
	エル フィニ **elle finit** 彼女は終える / それは終わる		エル フィニス **elles finissent** 彼女たちは終える / それらは終わる

【例】 ジュ フィニ ル トらヴァイユ ア ミディ **Je finis le travail à midi.**

私は正午に仕事を終えます。

ル フィルム フィニ ア ディセット トゥーる **Le film finit à dix-sept heures.**

映画は17時に終わります。

使ってみよう！ Pratique! ショワズィーる **choisir** 〜を選ぶ

動詞の原形　　choisir 〜を選ぶ			
	単数形		複数形
1人称	ジュ ショワズィ **je choisis** 私は選ぶ		ヌ ショワズィソン **nous choisissons** 私たちは選ぶ
2人称	テュ ショワズィ **tu choisis** きみは選ぶ		ヴ ショワズィセ **vous choisissez** あなた（たち）は選ぶ
3人称	イル ショワズィ **il choisit** 彼は選ぶ		イル ショワズィス **ils choisissent** 彼らは選ぶ
	エル ショワズィ **elle choisit** 彼女は選ぶ		エル ショワズィス **elles choisissent** 彼女たちは選ぶ

【例】 ケ ス ク ヴ ショワズィセ コム アントれ **Qu'est-ce que vous choisissez comme entrée ?**

前菜には何をお選びですか?

ジュ ショワズィ ユヌ サラード **– Je choisis une salade.**

- サラダにします。

* comme 〜「〜として」 ／ une salade「サラダ」

料理のコース

ユ ナ ントれ **une entrée** 前菜	アン プラ **un plat** メイン料理	アン デセーる **un dessert** デザート

＊comme 〜「〜として」のあとは無冠詞で用います。comme plat「メインには（メイン料理として）」

 さまざまなメニュー

アントれ **Entrées** 前菜	プラ ド ヴィヤーンド **Plats de viande** 肉料理 プラ ド ポワソン **Plats de poisson** 魚料理	デセーる **Desserts** デザート
ユヌ スープ ア ロニョン **une soupe à l'oignon** オニオンスープ	アン ステック フリット **un steak frites** ステーキのフライドポテト添え	アン ガトー オ ショコラ **un gâteau au chocolat** チョコレートケーキ
ユヌ スープ ドゥ ポワソン **une soupe de poisson** 魚のスープ	ユヌ コトレット ダニョ **une côtelette d'agneau** 子羊のコトレット（背肉）	ユヌ タルト オ ポム **une tarte aux pommes** リンゴのタルト
ユヌ サラード ニソワーズ **une salade niçoise** ニース風サラダ	アン プレ ろティ **un poulet rôti** ローストチキン	デ グラース オ ショワ **des glaces au choix** アイスクリームお好みで
ユ ナスィエット ドゥ シャるキュトリ **une assiette de charcuterie** ハムとソーセージの盛り合わせ	ユヌ ソル ムニエーる **une sole meunière** 舌平目のムニエル	アン プラトー ドゥ フろマージュ **un plateau de fromage** チーズの盛り合わせ

　　　＊レストランやカフェで注文するときは不定冠詞や数詞をつけて用います。

コースメニューの選択肢から選ぶ場合はchoisir「選ぶ」を用いるのが自然ですが、メニューリスト全体から注文する場合はprendre「取る、注文する」（→p.135）を用いるとより自然です。

【例】 Qu'est-ce que vous prenez comme boisson ?

飲み物には何にしますか？

–Je prends un verre de vin.

- グラスワインにします。

＊prendre「取る、食べる、飲む、注文する」（→p.135）/ boisson「飲み物」/ un verre de vin「ワイン1杯」/ une bouteille de vin「ワイン1本」

通常、ランチやディナーで、3コースメニューの
場合は前菜・メイン・デザートから各1品ずつ、
2コースメニューの場合はいずれかのコース
から2品を選びます。
Bon appétit !「（おいしく）召し上がれ！」

練習問題 Exercices

1 （　　　）内の動詞 choisir「選ぶ」を、主語に応じて適切な活用形にしましょう。

❶ Qu'est-ce que tu (choisir) comme plat ?

きみはメイン料理には何を選ぶの？

❷ Je (choisir) le confit de canard. Et toi ?

私は鴨肉のコンフィを選ぶわ。あなたは？

❸ Monsieur, elle (choisir) la mousse au chocolat comme dessert.

Et moi, je prends un café.

すみません、彼女はデザートにチョコレートムースを選んでいます。

それでと…、ぼくはコーヒーにします。

《解答》 1 ❶choisis ❷choisis ❸choisit

♪37

直説法現在(3) 不規則動詞の活用
indicatif présent (3)
アンディカティフ　プレザン

||||||||||||||||||||||||||||||||||||||||||||||||||||||||||||||||||||||||||||||||||||||||||

　動詞の現在形、最後にもっとも重要な不規則動詞を学んでいきます。

不規則動詞

　第1群と第2群に入らない動詞を、第3群動詞として分類することができます。

　そのなかでも、日常的によく使う動詞ほど固有の活用形をもつため、こうした動詞をとくに不規則動詞と呼んで、初級の段階で20個程度の不規則動詞の活用を覚えていきます。いくつかの動詞を覚えていくと、語尾の活用にある程度特徴的なパターンがあることがわかります。以下の類型を覚える際の参考にしてください。

パターン① (-er 動詞型)			
je ジュ	-e	nous ヌ	-ons
tu テュ	-es	vous ヴ	-ez
il イル	-e	ils イル	-ent
elle エル	-e	elles エル	-ent

パターン② (-ir 動詞型)			
je ジュ	-s	nous ヌ	-ons
tu テュ	-s	vous ヴ	-ez
il イル	-t	ils イル	-ent
elle エル	-t	elles エル	-ent

パターン③ (-re 型に多い)			
je ジュ	-s	nous ヌ	-ons
tu テュ	-s	vous ヴ	-ez
il イル	–	ils イル	-ent
elle エル	–	elles エル	-ent

パターン④ (-oir 型に多い)			
je ジュ	-x	nous メ	-ons
tu テュ	-x	vous ヴ	-ez
il イル	-t	ils イル	-ent
elle エル	-t	elles エル	-ent

＊基本的には上記のような語尾の類型に分類できますが、変異型もあります。また、語尾だけでなく語幹にも変化のパターンが生じ、「2語幹型」「3語幹型」など多様なパターンがあります。

まずは覚えたい重要不規則動詞6

● être / avoir：すでに学んだ基本の不規則動詞です (→p.75)。

être ～である→巻末活用表 (2)	
je suis	nous sommes
tu es	vous êtes
il est	ils sont
elle est	elles sont

avoir ～を持つ→巻末活用表 (1)	
j'ai	nous avons
tu as	vous avez
il a	ils ont
elle a	elles ont

【例】 Je suis japonais(e).

私は日本人です。

J'ai un frère et une sœur.

私には兄弟が1人と姉妹が1人います。

● aller / venir：これから学ぶ基本の不規則動詞です (→ p.136-138)。

aller 行く→巻末活用表 (6)	
je vais	nous allons
tu vas	vous allez
il va	ils vont
elle va	elles vont

venir 来る→巻末活用表 (8)	
je viens	nous venons
tu viens	vous venez
il vient	ils viennent
elle vient	elles viennent

【例】 Je vais à Paris.

私はパリへ行きます。

Je viens de Tokyo.

私は東京から来ました（東京出身です）。

● faire / prendre：この2つも日常的によく使う不規則動詞です。

faire ～する→巻末活用表 (15)	
je fais	nous faisons＊
tu fais	vous faites
il fait	ils font
elle fait	elles font

prendre 取る→巻末活用表 (16)	
je prends	nous prenons
tu prends	vous prenez
il prend	ils prennent
elle prend	elles prennent

＊ faisons[f(ə)zɔ̃] と発音することに注意。

【例】 Je fais du tennis.

私はテニスをします。

Je prends le petit déjeuner à huit heures.

私は8時に朝食をとります。

Chapitre 3 動詞の時制と用法

パターン① の類型の不規則動詞

ouvrir あける、開く	
j'ouvre	nous ouvrons
tu ouvres	vous ouvrez
il ouvre	ils ouvrent
elle ouvre	elles ouvrent

【例】 J'ouvre la fenêtre. 私は窓をあけます。

パターン② の類型の不規則動詞

partir 出発する →巻末活用表（7）	
je pars	nous partons
tu pars	vous partez
il part	ils partent
elle part	elles partent

【例】 Je pars lundi prochain. 私は次の月曜日に出発します。

パターン③ の類型の不規則動詞

mettre 置く →巻末活用表（10）		attendre 待つ	
je mets	nous mettons	j'attends	nous attendons
tu mets	vous mettez	tu attends	vous attendez
il met	ils mettent	il attend	ils attendent
elle met	elles mettent	elle attend	elles attendent

【例】 Je mets du sucre dans mon café. コーヒーに砂糖を入れます。

Je vous attends au café du coin. 私は角のカフェであなたを待ちます。

-ir動詞ではないことに注意してください。
ほかにも、dormir「眠る」、sortir「出る」などがあります。
Je dors bien tous les soirs.
「私は毎晩よく眠ります。」
Je sors de l'hôpital demain.
「私は明日退院します。」

パターン④ の類型の不規則動詞

次の5つの動詞は、別の動詞の原形をともなって使うことが多い不規則動詞です。

ブヴォワーる pouvoir　〜できる →巻末活用表（20）	
ジュ ブー je peux	ヌ ブヴォン nous pouvons
テュ ブー tu peux	ヴ ブヴェ vous pouvez
イル ブー il peut	イル ブーヴ ils peuvent
エル ブー elle peut	エル ブーヴ elles peuvent

ヴロワーる vouloir　〜したい →巻末活用表（21） ＊名詞をともなって　〜をほしい	
ジュ ヴー je veux	ヌ ヴロン nous voulons
テュ ヴー tu veux	ヴ ヴレ vous voulez
イル ヴー il veut	イル ヴール ils veulent
エル ヴー elle veut	エル ヴール elles veulent

【例】 ジュ ヌ ブー パ ナジェ オジュるドュイ **Je ne peux pas nager aujourd'hui.** 私は今日は泳げません。〈可能〉

（↑風邪を引いているので今日は泳げません）

＊動詞の原形をともなって「〜できる」

ジュ ヴー らントれ トゥ ドゥ スュイット **Je veux rentrer tout de suite.** 私はすぐに帰りたいです。

＊動詞の原形をともなって「〜したい」

サヴォワーる savoir　知っている →巻末活用表（22） ＊動詞の原形をともなって　〜できる	
ジュ セ je sais	ヌ サヴォン nous savons
テュ セ tu sais	ヴ サヴェ vous savez
イル セ il sait	イル サーヴ ils savent
エル セ elle sait	エル サーヴ elles savent

ドゥヴォワーる devoir　〜しなければならない →巻末活用表（19）	
ジュ ドワ je dois	ヌ ドゥヴォン nous devons
テュ ドワ tu dois	ヴ ドゥヴェ vous devez
イル ドワ il doit	イル ドワーヴ ils doivent
エル ドワ elle doit	エル ドワーヴ elles doivent

【例】 ジュ ヌ セ パ ナジェ **Je ne sais pas nager.** 私は泳げません。（←泳ぎ方を知りません）

＊動詞の原形をともなって「〜できる」

ジュ ドワ アターンドる イスィ **Je dois attendre ici.** 私はここで待たなければなりません。

＊動詞の原形をともなって「〜しなければならない」

ファロワーる falloir　〜する必要がある→巻末活用表（24） ＊名詞をともなって　〜が必要だ
イル フォ il faut

ドゥヴォワーるも、ファロワーるも、否定文になると「〜してはならない」【禁止】を意味します。

【例】 イル フォ パるティーる トゥ ドゥ スュイット **Il faut partir tout de suite.** すぐに出発しなければなりません。

（↑すぐに出発する必要があります）

＊非人称構文をつくる非人称動詞falloirはilの活用しかありません。

不規則動詞20個コンプ
リートまであと一息！
がんばりましょう！

もう一歩！ Un pas de plus! 不規則動詞20個コンプリート

リーる lire 読む→巻末活用表（13）	
ジュ リ je lis	ヌ リゾン nous lisons
テュ リ tu lis	ヴ リゼ vous lisez
イル リ il lit	イル リーズ ils lisent
エル リ elle lit	エル リーズ elles lisent

ディーる dire 言う→巻末活用表（14）	
ジュ ディ je dis	ヌ ディゾン nous disons
テュ ディ tu dis	ヴ ディットゥ vous dites *
イル ディ il dit	イル ディーズ ils disent
エル ディ elle dit	エル ディーズ elles disent

＊主語vousの活用dites^ヴに注意

＊主語vousの活用dites に注意

エクリーる écrire 書く→巻末活用表（11）	
ジュクリ j'écris	ヌ ゼクリヴォン nous écrivons
テュ エクリ tu écris	ヴ ゼクリヴェ vous écrivez
イ レクリ il écrit	イル ゼクリーヴ ils écrivent
エ レクリ elle écrit	エル ゼクリーヴ elles écrivent

コネートる connaître 知っている→巻末活用表（12）	
ジュ コネ je connais	ヌ コネソン nous connaissons
テュ コネ tu connais	ヴ コネセ vous connaissez
イル コネ il connait	イル コネス ils connaissent
エル コネ elle connait	エル コネス elles connaissent

ヴォワーる voir 見る→巻末活用表（18）	
ジュ ヴォワ je vois	ヌ ヴォワイヨン nous vo<u>y</u>ons
テュ ヴォワ tu vois	ヴ ヴォワイエ vous vo<u>y</u>ez
イル ヴォワ il voit	イル ヴォワ ils voient
エル ヴォワ elle voit	エル ヴォワ elles voient

ボワーる boire 飲む→巻末活用表（17）	
ジュ ボワ je bois	ヌ ビュヴォン nous bu<u>v</u>ons
テュ ボワ tu bois	ヴ ビュヴェ vous bu<u>v</u>ez
イル ボワ il boit	イル ボワーヴ ils boi<u>v</u>ent
エル ボワ elle boit	エル ボワーヴ elles boi<u>v</u>ent

ヴォワーる ボワーる
voir と boire は
語幹（下線部）に注意
してください。

練習問題 Exercices

1 ( ) 内の動詞を、適切な活用形にして入れましょう。

① **Nous (faire) la cuisine cet après-midi.**

きょうの午後、私たちは料理をします。

② **Tu (venir) au café avec moi ?**

きみも僕といっしょにカフェに来る？

③ **Je (pouvoir) ouvrir la fenêtre ?**

窓を開けてもいいですか？

＊可能性を確認したり許可を求める pouvoir の使い方です。

④ **On (prendre) le métro pour aller au musée du Louvre ?**

ルーヴル美術館に行くのにメトロに乗りますか？

＊on「一般的な人、私たち」は3人称単数扱いです。

⑤ **Il (falloir) partir tout de suite.**

すぐに出発しなければなりません。

＊否定文は禁止「〜してはいけない」を示します。

《解答》 **1** ①faisons ②viens ③peux ④prend ⑤faut

🎙 38

近接未来
フュテューる　ブろシュ
futur proche

不規則動詞allerと現在形を用いて、近い未来についても話してみましょう。

不規則動詞allerの活用

不規則動詞allerの活用はもう覚えましたか？ (→p.135)

aller 行く →巻末活用表（6）	
ジュ ヴェ je vais	ヌ ザロン nous allons
テュ ヴァ tu vas	ヴ ザレ vous allez
イル ヴァ il va	イル ヴォン ils vont
エル ヴァ elle va	エル ヴォン elles vont

「〜しようとしています」
「〜するところです」
という意味を表します。

使い方は英語のgo「行く」とほぼ同じですが、健康状態について「〜（元気）である、（体の）具合がいい」という意味でも使います。あいさつ表現といっしょに覚えましょう。

ジュ ヴェ ア パリ
【例】Je vais à Paris.
私はパリへ行きます。

ジュ ヴェ シェるシェ モン ナミ ア ラ ガーる
Je vais chercher mon ami à la gare.
私は友人を駅に迎えに（探しに）行きます。

＊aller＋動詞の原形「〜しに行く」

コマン タレ ヴ ジュ ヴェ トれ ビヤン メるスィ エ ヴ
Comment allez-vous ?-Je vais très bien. Merci. Et vous ?
ご機嫌いかがですか？　　　　-とても元気です。ありがとう。あなたは？

近接未来の作り方

近接未来は、未来時制を用いずに、現在形の活用で近い未来について述べることができる構文です。動詞allerの現在形の活用を使います。

> **主語＋動詞allerの現在形＋動詞の原形（不定詞）**
>
> 〜するところです、〜しようとしています、〜するつもりです

ジュ ヴェ パるティーる オジュるドュイ
Je vais partir aujourd'hui.　私は今日出発するつもりです。

もう一歩！ Un pas de plus! 「～するところです」〈近接未来〉と「～しに行きます」〈目的〉

近接未来なのか、「～しに行く」という意味なのかは、文脈で使い分けます。

● 「～するところです」〈近接未来〉

　　　　ジュ　ヴェ　ヴォワーる　アン　フィルム　　マントナン
【例】**Je vais voir un film maintenant.**　　私は今、映画を観るところです。

● 「～しに行く」〈目的〉

　　　　ジュ　ヴェ　ヴォワーる　アン　フィルム　オン　ヴィル　ス　ウィケ　ンド
【例】**Je vais voir un film en ville ce week-end.**

　　　私は今週末、町に映画を観に行きます。

語彙 Vocabulaire! 近い未来を伝えるのに便利な副詞と副詞句

マントナン **maintenant**　今	トゥ　ドゥ　スュイット **tout de suite**　すぐに	ビヤント **bientôt**　まもなく
オジュるデュイ **aujourd'hui**　今日	ドゥマン **demain**　明日	アプれ　　ドゥマン **après-demain**　明後日
ス　マタン **ce matin**　今朝	セッ　タプれ　ミディ **cet après-midi**　午後	ス　ソワーる **ce soir**　今晩

＊第2章 Leçon 5の「副詞」も参照（→p.78）

練習問題 Exercices

1（　　　）内に入る動詞を、適切な活用形にして入れましょう。

① **Qu'est-ce que tu (　　　　　　　) faire ?**

きみは何をしようとしているの?

② **Je (　　　　　　　) terminer mon travail tout de suite.**

ぼくは、すぐに仕事を終わらせるつもりだ。

③ **Elle (　　　　　　) partir pour la France.**

彼女はフランスに向けて出発するところです。

《解答》 **1** ① vas　② vais　③ va

🎙39

近接過去
パセ　れサン
passé récent

‖‖

不規則動詞venir（ヴニーる）の現在形を用いて、近い過去についても話してみましょう。

不規則動詞venir（ヴニーる）の活用

不規則動詞venir（ヴニーる）の活用はもう覚えましたか？（→p.135）

venir（ヴニーる） 来る →巻末活用表（8）	
je viens（ジュ ヴィヤン）	nous venons（ヌ ヴノン）
tu viens（テュ ヴィヤン）	vous venez（ヴ ヴネ）
il vient（イル ヴィヤン）	ils viennent（イル ヴィエンヌ）
elle vient（エル ヴィヤン）	elles viennent（エル ヴィエンヌ）

動詞venir（ヴニーる）の
現在形の活用を
使います。

使い方は英語のcome「来る」とほぼ同じです。日本語とは少し異なり、相手のいるところや相手がこれから行く方向については「行く」の意味で使います。

【例】D'où venez-vous ?（ドゥ ヴネ ヴ）　- Je viens de Tokyo.（ジュ ヴィヤン ドゥ トキョ）
どこから来ているのですか？　-私は東京から来ました。
（ご出身はどちらですか？）　（東京出身です）

Tu viens m'aider ?（テュ ヴィヤン メデ）　- Je viens tout de suite.（ジュ ヴィヤン トゥ ドゥ スュイット）
助けに来てくれる？　-すぐに行くよ。

＊venir＋動詞の原形「〜しに来る」

近接過去の作り方

近接過去は、過去時制を用いずに、現在形の活用で近い過去について述べることができる構文です。動詞venir（ヴニーる）の現在形の活用を使います。

主語 ＋ 動詞venirの現在形 ＋ de ＋ 動詞の原形（不定詞）
〜したばかりです、〜したところです

Je viens d'arriver hier soir.（ジュ ヴィヤン ダリヴェ イエール ソワーる）　私は昨晩到着したばかりです。

「〜したばかりです」〈近接過去〉「〜しに来ます」〈目的〉

近接過去なのか、「〜しに来る」という意味なのかは文脈で使い分けます。

近接未来と異なり、動詞の原形の前に前置詞 de が必要なので気をつけましょう。

● 「〜したばかりです」〈近接過去〉

テュ ヴィヤン ドゥ デジュネ
【例】 Tu viens de déjeuner ?

きみはお昼を食べたばかりなの？

● 「〜しに来る」〈目的〉

テュ ヴィヤン デジュネ シェ モワ
【例】 Tu viens déjeuner chez moi ?

きみはうちにお昼を食べに来る？

動詞の原形の前に
de を忘れずに！

語 彙
Vocabulaire! 近い過去を伝える副詞と副詞句

トゥッ タ ルール **tout à l'heure** 先ほど	イエール **hier** 昨日	アヴァン ティエール **avant-hier** おととい
ル マタン **le matin** 朝に	ラ プれ ミディ **l'après-midi** 午後に	ル ソワール **le soir** 夜に
ル ウィーケンド **le week-end** 週末に	ラ スメーヌ デるニエール **la semaine dernière** 先週	ル モワ デるニエ **le mois dernier** 先月

練習問題 Exercices

1 （　　）内に、動詞を適切な活用形にして入れましょう。

① **Je (　　　　　　) de finir mon travail.**

ぼくは仕事を終えたところです。

② **Elle (　　　　　　) de partir pour le Japon.**

彼女は日本に向けて出発したばかりです。

《解答》 1 ① viens ② vient

Leçon 6

🎤40

代名動詞

verbe pronominal
（ヴェるブ）（プろノミナル）

代名動詞は、再帰代名詞 se をともなう動詞です。特有のしくみを学びましょう。

代名動詞

　代名動詞は、「自分自身を（に）」を意味する再帰代名詞 se を動詞の前に置き、「～（主語）は自分自身を（に）…する（…させる）」、つまり「～（主語＝自分自身）は…する」という意味になる動詞です。動詞は主語に応じて活用します。

> **主語＋再帰代名詞＋動詞**
>
> ～（主語）は …する（←～（主語）は 自分自身を（に）…する、…させる）

代名動詞の作り方

　再帰代名詞 se「自分自身を（に）」は、主語にそれぞれ対応した形（主語 je に対しては me「私自身を（に）」、主語 tu に対しては te「きみ自身を（に）」など）があります。3人称（単数・複数）の se 以外は補語人称代名詞と同じ形です（→p.107）。

主語　～は	再帰代名詞　自分自身を（に）	動詞** ～する、させる
je（ジュ）　私は	**me (m')** *（ム）私自身を	**coucher**（クーシェ）寝かせる **lever**（ルヴェ）起こす **laver**（ラヴェ）洗う **appeler**（アプレ）（名前を）呼ぶ　など…
tu（テュ）　きみは	**te (t')**（トゥ）きみ自身を	
il（イル）　彼は	**se (s')**（ス）彼自身を	
elle（エル）　彼女は	**se (s')**（ス）彼女自身を	
nous（ヌ）私たちは	**nous**（ヌ）私たち自身を	
vous（ヴ）あなた（たち）は	**vous**（ヴ）あなた（たち）自身を	
ils（イル）彼らは	**se (s')**（ス）彼ら自身を	＊後ろに母音または無音の h がくる場合、（ ）のようにエリジョンします。 ＊＊動詞は主語に応じて活用します。
elles（エル）彼女たちは	**se (s')**（ス）彼女たち自身を	

144

代名動詞の使い方

2つの動詞を例に挙げて代名動詞を使ってみましょう。

● **se coucher** 寝る

動詞 coucher は「〜は人を寝かせる、〜は人・物を横にする」という意味の動詞です。

代名動詞 se coucher は「〜は自分自身を寝かせる、横にする」、つまり「〜（主語）は寝る（横になる）」という意味の動詞になります。

【例】 **Je me couche.** 私は寝る。（←私は自分自身を寝かせる）

se coucher 寝る、横になる			
je me couche	私は寝る	**nous nous couchons**	私たちは寝る
tu te couches	きみは寝る	**vous vous couchez**	あなた（たち）は寝る
il se couche	彼は寝る	**ils se couchent**	彼らは寝る
elle se couche	彼女は寝る	**elles se couchent**	彼女たちは寝る

● **se lever** 起きる、立ち上がる

動詞 lever は「〜は人を起こす、〜は人・物を立てる」という意味の動詞です。

代名動詞 se lever は「〜は自分自身を起こす、自分自身を立てる」、つまり「〜（主語）は起きる（立ち上がる）」という意味の動詞になります。

【例】 **Je me lève.** 私は起きる。（←私は私自身を起こす）

se lever * 起きる、立ち上がる			
je me lève	私は起きる	**nous nous levons**	私たちは起きる
tu te lèves	きみは起きる	**vous vous levez**	あなた（たち）は起きる
il se lève	彼は起きる	**ils se lèvent**	彼らは起きる
elle se lève	彼女は起きる	**elles se lèvent**	彼女たちは起きる

＊ lever は -er 動詞ですが語幹の一部が不規則に変化します。

147ページに出てくる se promener「散歩する」も
同じように語幹の一部が
不規則に変化する動詞です。

代名動詞の用法

代名動詞には、大きく分けて次の4つの用法があります。

> ❶ **再起的用法**:「～（主語）は自分自身を（に）…する」
>
>   もとの動詞の行為が主語に返ってくる用法
>
> ❷ **相互的用法**:「～（主語）はお互いに…する」
>
>   主語が複数の場合で、行為がお互いに及ぶ用法
>
> ❸ **受動的用法**:「～（主語）は…される」
>
>   主語が多くの場合は事物で、受け身的な用法
>
> ❹ **本質的用法**:「～（主語）は思い出す」など一部の動詞
>
>   代名動詞としてのみ用いられて特別な意味をもつ用法

❶ 再起的用法

レ　　ザンファン　　ス　　クーシュ　　ト
Les enfants se couchent tôt.

子どもたちは早く寝ます。（←～（主語）は自分自身を寝かせる）

❷ 相互的用法

ヌ　　ヌ　　テレフォノン　　スヴァン
Nous nous téléphonons souvent.

私たちはよく電話をします。（←～（主語（複数））はお互いに電話をかけ合う）

❸ 受動的用法

ル　ポワソン　フれ　ス　マンジュ　クリュ　オ　ジャポン
Le poisson frais se mange cru au Japon.

日本では新鮮な魚は生で食べられます。（←～（主語）は食べられる）

❹ 本質的用法

ヴ　ヴ　スヴネ　ドゥ　モワ
Vous vous souvenez de moi ?　　私のことを覚えていますか?

＊ se souvenir (de ～)「(～を) 覚えている、思い出す」

ジュ　マン　ヴェ
Je m'en vais.　　私はもう帰りますね。

＊ s'en aller「立ち去る、帰る（出かける）、（これから）行く」

> 辞書ではまず動詞 « coucher » を調べ、その項目を下にたどると
> 代名動詞 « se coucher » という見出し語が出てきます。
> 代名動詞としての意味や用法はそこでよりくわしく調べることができます。
> 代名動詞の原形は〈se(s') +動詞の原形（不定法）〉と表記します。

語彙
Vocabulaire! 日常生活でよく用いる代名動詞

ス レヴェイエ se réveiller	目を覚ます	ス サビエ s'habiller	服を着る
ス ラヴェ se laver	体を洗う	ス ドゥーシェ se doucher	シャワーを浴びる
ス プロムネ se promener *	散歩する	ス るポゼ se reposer	休む、休息する
サプレ s'appeler **	～という名前である	サミュゼ s'amuser	楽しむ
ス デペシェ se dépêcher	急ぐ	サソワーる s'asseoir	座る
ス スヴニーる ドゥ se souvenir (de ～)	(~を)覚えている、思い出す	サンテれセ ア s'intéresser (à ～)	(～に)興味をもつ

＊ promener は -er 動詞ですが語幹の一部が不規則に変化します。

＊＊ appeler は -er 動詞ですが語幹の一部が不規則に変化します。

se laver「体を洗う」の応用で、とくに体の一部を洗う場合は、次のような表現

となります。

> 主語 + se laver + 定冠詞 + …（体の部分）
>
> ～が（自分自身の）…（体の部分）を洗う

ジュ ム ラーヴレ マ アヴァンル るパ
Je me lave les mains avant le repas. 私は食事の前に手を洗います。

＊この表現の場合、体の部分が直接目的補語になるので、再帰代名詞が間接目的補語であることに注
意しましょう。

話してみよう！
Parlons ensemble! 一日の過ごし方を伝えてみよう！

ジュ ム レーヴ ア セット トゥーる エ ドゥミ
Je me lève à sept heures et demie. 私は7時半に起きます。

ジュ ム ラーヴァ フィギューる エ ジュ ム コワフ
Je me lave la figure et je me coiffe. 顔を洗い、髪を整えます。 ＊ se coiffer「髪を整える」

ジュ マビーユ ヴィット エ ジュ マン ヴェ
Je m'habille vite, et je m'en vais ! すばやく服を着て、さあ出かけます！

ジュ ム プロメーヌ ダン ル パるク エ ジュ マソワ スューる アン バン プーる ム るポゼ
Je me promène dans le parc et je m'assois sur un banc pour me reposer.

私は公園を散歩して、休息するためにベンチに座ります。

ラプれ ミディ ジュ ム デペシュ プーる らりヴェ オ スィネマ ジュ マミューズ
L'après-midi, je me dépêche pour arriver au cinéma, je m'amuse
ボクー ル フィルム フらンセ
beaucoup le film français.

午後、急いで映画館に到着し、フランス映画を楽しみます。（←映画館に到着するために急ぐ）

アプれ ル ディネ ジュ ム ドゥーシュ ジュ ム ブろス レ ダン エ ジュ ム
Après le dîner, je me douche, je me brosse les dents et je me
クーシュ ヴェーる ミニュイ
couche vers minuit.

夕食後、シャワーを浴び、歯を磨き、真夜中ごろに寝ます。 ＊ se brosser les dents「歯を磨く」

代名動詞の否定文

否定文は ne と pas で動詞をはさみます。再帰代名詞は動詞の直前に置き、否定
の ne は再帰代名詞よりも前に置きます。

【肯定文】**Nous nous couchons à dix heures.** 私たちは10時に寝ます。
↓
【否定文】**Nous ne nous couchons pas à dix heures.**

私たちは10時には寝ません。

【肯定文】**Il se lève tôt.** 彼は早く起きます。
↓
【否定文】**Il ne se lève pas tôt.** 彼は早く起きません。

代名動詞の疑問文

疑問文は3つの作り方があります。主語と動詞の倒置の疑問文の場合、動詞の
直前に代名動詞、動詞の後ろに主語が倒置形となって置かれることに注意！

【肯定文】**Vous vous couchez tard.** あなたは遅くに寝ます。
↓
【疑問文】**Vous vous couchez tard ?**（イントネーション）
Est-ce que vous vous couchez tard ?（est-ce que）
Vous couchez-vous tard ?（主語と動詞の倒置）

あなたは遅くに寝ますか?

代名動詞の命令文

命令文を作るには肯定文から主語をとり、動詞から始まる文にします。再帰代
名詞は強勢形にして動詞の後ろに置きます。動詞と強勢形は「-（トレデュニオ
ン）」でつなぎます。

【肯定文】**Vous vous asseyez.** あなたは座ります。
↓
【命令文】**Asseyez-vous !** お座りください。

【肯定文】**Tu te dépêches.** きみは急ぎます。
↓
【命令文】**Dépêche-toi !** 急いで!

否定命令文は、肯定文から主語をとります。再帰代名詞はそのままの語順で動詞の前です。

【否定文】**Vous ne vous inquiétez pas.** あなたは心配していません。
　↓
【否定命令文】**Ne vous inquiétez pas.** 心配しないでください。

練習問題 Exercices

🎤41

1 音声を聞いて（　　　）に当てはまる単語を聞き取りましょう。

❶ **Je me lave les (　　　　　　　).** 私は歯を磨きます。

❷ **Elle me lave les (　　　　　　　).** 彼女は髪を洗います。

❸ **Tu te laves la (　　　　　　) ?** きみは顔を洗う?

> dents / figure / yeux / pieds / doigts / oreilles / cheveux

2 下記の語群から（　　　）内に入る適切な動詞を選び、正しい活用形にして文を完成させましょう。

❶ **Je me (　　　　　　) au centre de la ville.** 私は町の中心街にいます。

❷ **Nous nous (　　　　　　) à sept heures demain soir ?**
私たち、明日の夜、7時に電話する?

❸ **On se (　　　　　　) ?** ぼくたち、結婚する?（結婚しよう。）

❹ **(　　　　　　) -toi.** 落ち着いて。

❺ **Ne t' (　　　　　　) pas.** 心配しないで。

> se trouver / se calmer / se marier / s'inquiéter* / se téléphoner
> ＊inquiéter は -er動詞ですが語幹の一部が不規則に変化します。

ヒント se trouver ＋場所や属詞「（ある状態に）いる、ある、…になる」、se calmer「落ち着く、気を静める」
se marier「(avec ～)（～と）結婚する」「互いに結婚する」、s'inquiéter「心配する、不安になる」
「(de ～)（～を）心配する、気にかける」

《解答》 **1** ❶dents ❷cheveux ❸figure
　　　　 2 ❶trouve ❷téléphonons ❸marie ❹Calme ❺inquiète

🎤42

知覚動詞・使役動詞
verbes sensitifs / verbes factitifs
ヴェるブ　　　　センシティフ　　　　　ヴェるブ　　　　ファクティティフ

||||||||||||||||||||||||||||||||||||||||||||||||||||||||||||||||||||||||||||||||||||||||||

動詞のなかでも知覚動詞や使役動詞はきまった構文をとります。

知覚動詞構文の作り方

るギャるデ
regarder「見る」、
エクテ
écouter「聞く」
なども同様です。

知覚動詞と呼ばれる代表的なものに、voir「見
ヴォワーる
える」、entendre「聞こえる」、sentir「感じる」の
アンタ―ンドる　　　　　　　　　サンティーる
3つがあります。

〈不定詞が間接他動詞の場合〉

> **主語＋動詞voir の現在形＋人（物）＋動詞の原形（不定詞）**
> ヴォワーる
>
> （主語）が（人／物）が～するのを見る

ジュ　ヴォワ　ジャン　　ジュエ　　オ　　テニス　　ダン　ル　バるク
Je vois Jean jouer au tennis dans le parc.

私にはジャンが公園でテニスをしているのが見えます。

〈不定詞が自動詞の場合〉　①②いずれも可能です。

> ① **主語＋動詞entendre の現在形＋人（物）＋動詞の原形（不定詞）**
> アンタ―ンドる
> ② **主語＋動詞entendre の現在形＋動詞の原形（不定詞）＋人（物）**
> アンタ―ンドる
>
> （主語）は（人／物）が～するのを聞く

ジャンタン　　　　トンベ　　ラ　ブリュイ
① **J'entends tomber la pluie.**
ジャンタン　　　ラ　ブリュイ　　　トンベ
② **J'entends la pluie tomber.**

私は雨が降るのを聞きます。（←私には雨が降るのが聞こえます）

使役構文の作り方

使役の動詞には faire「〜させる」〈使役〉、laisser「〜させておく」〈放任〉の2つがあります。

❶ 使役動詞 faire 〜させる

動詞 faire「〜させる」〈使役〉を用いる場合、使役構文をとります。

〈不定詞が自動詞の場合〉

> 主語 + 動詞 faire の現在形 + 動詞の原形（不定詞）+ 人 / 物
>
> （主語）が（人/物）に〜させる

Je fais partir Jean. 私はジャンを出発させます。

〈不定詞が直接他動詞の場合〉

> 主語 + 動詞 faire の現在形 + 動詞の原形（不定詞）+ COD + à (par) 人 / 物
>
> （主語）が（人/物）に〜させる

Je fais réparer ma moto par le meilleur technicien.

私は一番腕のいい技工師にバイクを修理してもらいます。（←バイクを修理させます）

❷ 放任動詞 laisser 〜させておく

動詞 laisser「〜させておく」〈放任〉を用いる場合、使役構文をとります。

〈不定詞が自動詞の場合〉

> 主語 + 動詞 laisser の現在形 + 動詞の原形（不定詞）+ 人 / 物
>
> （主語）が（人/物）に〜させておく

Je laisse dormir Jean. 私はジャンを眠らせておきます。

（↑ジャンが眠ったままにしておきます）

不定詞が直接他動詞や間接他動詞の場合

不定詞が直接他動詞や間接他動詞の場合、① ② いずれも可能です。

① 主語＋動詞 laisser の現在形＋動詞の原形（不定詞）＋ COD ＋à (par) 人／物

② 主語＋動詞 laisser の現在形＋人／物＋動詞の原形（不定詞）＋ COD

（主語）が（人／物）に…を〜させておく

① Dans les contes, **la belle-mère laisse faire le ménage à sa fille** toute la journée.

② Dans les contes, **la belle-mère laisse sa fille faire le ménage** toute la journée.

おとぎ話では、継母は娘に一日中家事をさせておきます。

使役構文が代名動詞とともに使われる場合

使役構文には、第3章 Leçon6で学んだ「代名動詞」（→p.144）との組み合わせなど、日常会話でよく使う文法のポイントがいくつかありますが、まずは「使役構文」がしっかりつかめるようになりましょう。

【応用】 使役構文が代名動詞とともに使われる場合、受身の表現「〜してもらう、〜される」としてよく使われます。

主語＋代名動詞 se faire ＋動詞の原形（不定詞）＋ COD ＋à (par) 人／物

（主語）が（人／物）に…を〜してもらう、される

Je me fais **couper** les cheveux par la meilleure coiffeuse.

私は一番腕のいい美容師さんに髪を切って もらいます。

【複合過去形での応用】（第3章 Leçon10「複合過去」→p.162〜）

Je me suis fait **voler** mon portefeuille.

私は財布を盗まれた。

練習問題 Exercices

1 （　　　）内の動詞を適切な活用形にしましょう。

① Je (　voir　) mon frère entrer dans un cinéma.

兄が映画館に入るのが見えます。

② Elle (　sentir　) battre son cœur.

彼女は心臓が高鳴るのを感じています。

③ Il (　faire　) pleurer sa sœur tous les jours.

毎日、彼は妹を泣かせています。

④ Tu (　faire　) cuire la viande au four ?

きみはその肉をオーブンで焼くの?

⑤ (　Laisser　) refroidir cette bouteille de vin dans le frigo.

このワインボトルを冷蔵庫で冷やしておいてください。

....

《解答》 1　**①** vois　**②** sent　**③** fait　**④** fais　**⑤** Laissez

♦43

現在分詞とジェロンディフ

<ruby>パルティスィップ</ruby> <ruby>プレザン</ruby> <ruby>ジェロンディフ</ruby>
participe présent / gérondif

動詞の現在分詞を使った表現と、ジェロンディフの用法を覚えましょう。

現在分詞

　フランス語には現在進行形という時制がないため、英語のように現在進行形を作るしくみはありません（フランス語の現在形の時制は現在と現在進行の両方の意味を兼ね備えている）。現在分詞のはたらきは、形容詞的に名詞を修飾する用法と、副詞的に動詞にかかる用法があります。

現在分詞の作り方

　動詞の現在形1人称複数形の活用語尾 -ons を -ant に変えると現在分詞ができます（現在形の nous の活用から -ons をとった形です）。

動詞の原形		現在形（-ons）		現在分詞（-ant）
パルレ **parler** 話す	→	ヌ　パルロン **nous parlons**	→	パルラン **parlant**
フィニール **finir** 〜を終える 〜を終わる		ヌ　フィニソン **nous finissons**		フィニサン **finissant**

現在形の nous の活用から語幹を作るので、
-er 動詞も -ir 動詞も -er や -ir を -ant
に変えるだけでいいのですね！

ただし例外が3つあります。そのまま覚えましょう。

動詞の原形		現在分詞（-ant）
エートル **être** 〜である		エタン **étant**
アヴォワール **avoir** 〜を持つ	→	エイヤン **ayant**
サヴォワール **savoir** 〜を知っている		サシャン **sachant**

現在分詞の用法

現在分詞には、次の２つの用法があります。

1 形容詞的用法：名詞を修飾する（現在分詞は直前の名詞を修飾）

【例】 C'est un **robot** parlant comme un homme.
　　　ス　アン　ロボ　　パルラン　　コム　アン　ノム

これは人間のように話すロボットだ。

2 副詞的用法：副詞節として、理由や原因などを表す（現在分詞は主節の動詞を修飾）

【例】 **Parlant** trop vite, il ne peut pas bien **expliquer**.
　　　パルラン　トロ　ヴィット　イル　ヌ　プ　パ　ビヤン　ネクスプリケ

あまりに早く話すので、彼はうまく説明できない。

ジェロンディフの作り方

　現在分詞を用いてよく用いられるのが、同時性を示す副詞節を作って主節の動詞にかかるジェロンディフという形です。

　同時におこなわれている行為について「…しながら、〜する」という意味を示すことのできる便利な表現のため、会話でも文章でもよく用いられます。

　英語に同じ文法はなく、フランス語独特の文法なので、ゆっくり慣れていきましょう。

> **主語** + **動詞** 〜 , **前置詞en** + **現在分詞** …
>
> 「…しながら、（主語）は〜する」

Il prend son repas, en regardant la télé.
イル　プラン　ソン　るパ　アン　るギャるダン　ラ　テレ

テレビを見ながら、彼は食事をとります。

もう一歩！
Un pas de plus! ジェロンディフの用法

　ジェロンディフはまず、「〜しながら」という同時性の意味をおさえておきたいのですが、同時性以外にもいくつかの用法があり、さまざまなニュアンスを伝えることができます。どの意味で使われているのかを文脈で見極める必要があります。ジェロンディフの形に慣れてきたら、以下の用法も覚えていきましょう。

　ジェロンディフには、大きく分けて次の4つの用法があります。

❶ 同時性：〜しながら、〜する（した）とき　＊quand ... に置き換え可能

【例】アン ソるタン デュ シネマ エ ラ らンコントれ ソフィ
En sortant du cinéma, elle a rencontré Sophie.

会った（複合過去形→p.162）

　　　映画館を出たとき、彼女はソフィに会った。

❷ 理　由：〜なので、という理由で　＊comme ... に置き換え可能

【例】アン ネタン マラード エル ヌ ヴィヤンドら パ
En étant malade, elle ne viendra pas.

来ないだろう（単純未来形→p.174）

　　　病気なので、彼女は来ないでしょう。

❸ 条件・手段：もし〜ならば、〜を使えば　＊si ... に置き換え可能

【例】アン コンスュルタン アンテネット テュ プら トるヴェ
En consultant Internet, tu pourras trouva.

〜できるだろう（単純未来形→p.174）

　　　インターネットで検索すれば、調べられるよ。

❹ 対立・譲歩：〜だけれども、たとえ〜だとしても　＊même si ... に置き換え可能

【例】アン ネタン マラード イ レ ヴニュ ア リュニヴェるシテ
En étant malade, il est venu à l'université.

来た（複合過去形→p.162）

　　　病気なのに、彼は大学へ来た。

ジェロンディフは主節の主語と同じであるということが大切です。

156

練習問題 Exercices

🎤 44

1 音声を聞いて（　　　）に当てはまる動詞を下記の語群から選び、現在分詞の形にして文を完成させましょう。

① C'est la route (　　　　　) à la mer.

これが海に通じる道です。

② (　　　　　) trop vite, il a eu un accident.

スピードを出しすぎて、彼は事故にあった。

③ Est-ce qu'il y a une personne (　　　　) français ?

フランス語を話せる人はいますか?

④ (　　　　　) malade, elle ne viendra pas.

病気なので、彼女は来ないでしょう。

> être / revenir / parler / écouter / partir / rouler / conduire

2 音声を聞いて（　　　）に当てはまる動詞を下記の語群から選び、ジェロンディフの形にして文を完成させましょう。

① J'ai rencontré mon oncle (　　　　　) du cinéma.

映画館を出たとき、私はおじに会いました。

② (　　　　　), on apprend beaucoup de choses.

本を読めば、私たちはたくさんのことを学べます。

③ (　　　　　) un taxi, vous arriverez à l'heure.

タクシーに乗れば、あなたは定刻に着くでしょう。

> trouver / lire / écrire / partir / arriver / sortir / prendre / mettre

《解答》 1 ①conduisant ②Roulant ③parlant ④Étant

2 ①en sortant ②En lisant ③En prenant

🎤45

受動態
ヴォワ　パスィーヴ
voix passive

英語と作り方は似ていますが、フランス語の特徴である性数一致を忘れずに！

受動態の作り方

　作り方は英語の受動態〈be動詞＋過去分詞＋by＋動作主〉とほぼ同じです。フランス語の受動文を図式化すると下のようになります。

　ただし、重要なポイントとして、主語に応じて過去分詞を性数一致させる必要があります。

> **主語＋動詞être（エートる）＋過去分詞*＋(par (de)（パール ドゥ）＋動作主)****
>
> ＊過去分詞は主語と性数一致
> ＊＊過去分詞が状態を示す動詞のときはparではなくde を使う。

プリュズィユーる　　べるソンヌ　　　ソン　　ブレセ　　　　パーる セッ　　タタンタ
Plusieurs personnes sont blessées* par cet attentat.

このテロ行為によって何人もの人たちがけがを負っています。

＊女性複数の主語なので過去分詞に -es がつきます。

ノトる　　メーる　　エ　　れスペクテ　　　ドゥ　トゥ　ル　　モンド
Notre maire est respecté* de tout le monde.

私たちの市長はみんなから尊敬されています。

＊男性単数の主語なので過去分詞に -e も -s もつきません。

> フランス語は、主語と直接的に連繋するものには
> 性数一致が必要です。だから、être（エートる）（繋辞動詞といいます）で主語に
> 直接的につながれている過去分詞は、主語と性数一致させなければ
> ならないのですね！

過去分詞の作り方

受動態を作るときに使われる動詞の過去分詞は次の3つがあります。

❶ 第1群規則動詞（-er動詞）の過去分詞

-er動詞の過去形は活用語尾 -er を -é にすることで作ることができます。

> 動詞の過去分詞（-e は -é の形）

❷ 第2群規則動詞（-ir動詞）の過去分詞

-ir動詞の過去形は活用語尾の -ir を -i にすることで作ることができます。

> 動詞の過去分詞（-ir は -i の形）

❸ 不規則動詞の過去分詞

不規則動詞の過去分詞は特殊な形の過去分詞をもつため、それぞれ覚える必要があります。日常的によく使う動詞こそ不規則動詞という特殊な形として使われているため、早めに覚えてしまうのが上達のポイントです。

> 不規則動詞の特殊な形の過去分詞は覚える！　語尾に注目（-u, -t, -s型）

動詞の原形	過去分詞	動詞の原形	過去分詞
アターンドる **attendre** 待つ	アタンデュ **attendu**	プらーンドる **prendre** 取る	プり **pris**
ボワーる **boire** 飲む	ビュ **bu**	プヴォワーる **pouvoir** 〜できる	ピュ **pu**
コネートる **connaître** 知っている	コニュ **connu**	ヴロワーる **vouloir** ほしい、〜したい	ヴュ **vu**
フェーる **faire** 〜する、作る	フェ **fait**	サヴォワーる **savoir** 知る、〜できる	スュ **su**
エクリーる **écrire** 書く	エクリ **écrit**	ヴォワーる **voir** 見る	ヴュ **vu**
メットる **mettre** 置く、入れる	ミ **mis**	アヴォワーる **avoir** 持つ	ユ **eu**
りーる **lire** 読む	リュ **lu**	エートる **être** 〜である	エテ **été**

 受動態の時制

> この部分は、p.162〜177で
> 時制を学びながら確認して
> ください。

❶ 受動態の複合過去形の作り方

　主語に応じて活用する動詞 être の部分を複合過去形にします。つまり、複合過去にする être の助動詞となる avoir を主語に合わせて活用し、その後ろに être の過去分詞 été を置き、さらに意味上の動詞の過去分詞という順番になります。動作主を示す部分は現在の場合と同じです。

> **主語**＋**動詞avoir**＋**été**＋**過去分詞**＋（ par (de)＋**動作主** ）

❷ 受動態の半過去形の作り方

　主語に応じて活用する動詞 être の部分を半過去形にします。　つまり、être を主語に合わせて半過去形で活用し、その後ろに意味上の動詞の過去分詞が続きます。動作主を示す部分は現在の場合と同じです。

> **主語**＋**êtreの半過去**＋**過去分詞**＋（ par (de)＋**動作主** ）

❸ 受動態の単純未来形の作り方

　主語に応じて活用する動詞 être の部分を単純未来形にします。　つまり、être を主語に合わせて単純未来形で活用し、その後ろに意味上の動詞の過去分詞が続きます。動作主を示す部分は現在の場合と同じです。

> **主語**＋**êtreの単純未来**＋**過去分詞**＋（ par (de)＋**動作主** ）

もう一歩！ Un pas de plus! 受け身の表現

　フランス語では受け身を表現する方法は3つあります。(1) 受動態を用いる方法、(2) 主語をon「人は、人々は」にする方法、(3) 代名動詞を用いる方法です。実際のフランス語では(1) の受動態を用いる機会は英語ほど多くはなく、(2) の主語on や(3) の代名動詞をよく用います。どの方法を使うのかは実際の会話で慣れていきましょう。

(1) **Le riz est cultivé en Asie.**　　アジアでは米が栽培される。
ル　リ　エ　キュルティヴェ　アン　ナズィ

(2) **On m'a volé mon portefeuille !**　財布が盗まれた！
オン　マ　ヴォレ　モン　ぽるトゥフイユ
（↑人が私の財布を盗った！）

(3) **Le poisson frais se mange cru.**　新鮮な魚は生で食べられる。
ル　ポワソン　フれ　ス　マンジュ　クリュ

練習問題 Exercices

1 下記の語群より、（　　　）内に入る適切な動詞を選び受動態の文にしましょう。

❶ **Le français (　　　　　　　　) au Québec.**
ケベック州ではフランス語が話されている。

❷ **Ce magasin (　　　　　　　　) à la fin de ce mois.**
この店は今月末に閉店する。

❸ **Cette église (　　　　　　　　) au Moyen-âge.**
この教会は中世に建てられた。　**ヒント** 完了した過去の話なので、複合過去です。〈助動詞 avoir ＋ été ＋過去分詞〉（性数一致を忘れずに！）の順番です。

> **travailler / fermer / construire / réserver / parler / ouvrir**

ヒント construire の過去分詞は construit、ouvrir の過去分詞は ouvert

《解答》 **1** ❶est parlé　❷est fermé　❸a été construite

＊ ❸の主語 église「教会」は女性名詞（指示形容詞が cette であることからも女性名詞であることがわかります）。過去分詞は主語に性数一致し、construite になります。

🎤46

複合過去(1) 助動詞avoir
アヴォワーる

passé composé(1)
バセ　　　　コンポゼ

時制を勉強します。2つの過去形のうち、まず「複合過去」から始めましょう。

複合過去

助動詞と過去分詞を複合させて作る過去形なのでこの名称がついています。

> **主語＋助動詞（avoir または être の活用）＋動詞の過去分詞**
> アヴォワーる　　　　エートる
>
> 「〜は…した」

> 助動詞には avoir、または être の使い分けが必
> アヴォワーる　　　　エートる
> 要なので、2回に分けて勉強しましょう。

複合過去の作り方(1) 助動詞avoir
アヴォワーる

ステップ❶ 多くの他動詞は助動詞にavoirをとる
アヴォワーる

manger「食事をする」やtéléphoner「電話をかける」など、多くの動詞は助動詞
マンジェ　　　　　　　　　テレフォネ

に avoir を用います。助動詞の avoir は、主語に応じて現在形で活用します。
アヴォワーる　　　　　　　　　アヴォワーる

【例】Nous avons mangé dans un restaurant.
　　　ヌ　　ザヴォン　　マンジェ　　ダン　ザン　　れストラン

私たちはレストランで食事をしました。

J'ai téléphoné à ma mère hier soir.
ジェイ　テレフォネ　ア　マ　メーる　イエーる　ソワーる

昨日の夜、私は母に電話をかけました。

ステップ ❷ 動詞の過去分詞を作る

(1) 第1群規則動詞（-er 動詞）の過去分詞は、原形の語尾 -er を -é にします。

> **第1群規則動詞の過去分詞：-er → -é**

(2) 第2群規則動詞（-ir 動詞）の過去分詞は、原形の語尾 -ir を -i にします。

> **第2群規則動詞の過去分詞：-ir → -i**

(3) 不規則動詞は特殊な形の過去分詞をもつため、それぞれ覚える必要があります。日常的によく使う動詞を表にあげますのでしっかり覚えましょう。

> **不規則動詞の過去分詞：特殊な形**

おもな不規則動詞の過去分詞	
アターンドル アタンデュ **attendre → attendu** 待つ	ボワーる ビュ **boire → bu** 飲む
コネートる コニュ **connaître → connu** 知っている	エクリーる エクリ **écrire → écrit** 書く
フェーる フェ **faire → fait** ～する、作る	リーる リュ **lire → lu** 読む
メットる ミ **mettre → mis** 置く、入れる	ぺるドる ぺるデュ **perdre → perdu** 失う
プらーンドる プリ **prendre → pris** 取る	サヴォワーる スュ **savoir → su** 知る、～できる
ヴォワーる ヴュ **voir → vu** 見る	ヴロワーる ヴリュ **vouloir → voulu** ほしい、～したい
アヴォワーる ユ **avoir → eu** 持つ	エートる エテ **être → été** ～である

 語彙 Vocabulaire! 複合過去と時を示す表現

複合過去は、時を示す副詞をともなうことが多いです。いっしょに覚えましょう。

過去の文章でよく用いる時を示す表現		
イエール **hier** 昨日	アヴァン ティエール **avant-hier** 一昨日、おととい	イ リヤ ドゥ ジューる **il y a deux jours** 2日前
イエール ソワーる **hier soir** 昨晩	ス マタン **ce matin** 今朝	セッ タプれ ミディ **cet après-midi** 今日の午後
ラ スメーヌ デるニエーる **la semaine dernière** 先週	ル モワ デるニエ **le mois dernier** 先月	らネ デるニエーる **l'année dernière** 昨年
デジャ **déjà** ～すでに	ヌ バ アンコーる **ne ~ pas encore** （否定文）まだ～ない	ヌ ジャメ **ne ~ jamais** （否定文）決して～ない

複合過去の疑問文と否定文の作り方

　疑問文は3つの形ができますが、〈主語と動詞の倒置〉の疑問文の場合は主語と助動詞を倒置します。否定文は助動詞を ne と pas ではさみます（フランス語の複合形の動詞は、助動詞が構造上の動詞、過去分詞が意味上の動詞と考えるとわかりやすくなります）。

> **肯定文：主語＋助動詞＋動詞の過去分詞**

ヴ　　ザヴェ　フィニ　ヴォ　ドゥヴォワール
Vous avez fini vos devoirs.　　あなたたちは宿題を終えました。

> **疑問文：主語＋助動詞＋動詞の過去分詞？**
> 　　　　：Est-ce que ＋ 主語＋助動詞＋動詞の過去分詞？
> 　　　　：助動詞＋主語＋動詞の過去分詞？

ヴ　　ザヴェ　デジャ　フィニ　ヴォ　ドゥヴォワール
Vous avez (déjà) fini vos devoirs ?〈イントネーション〉

あなたたちは（すでに）宿題を終えましたか？

エ　ス　ク　ヴ　　ザヴェ　デジャ　フィニ　ヴォ　ドゥヴォワール
Est-ce que vous avez (déjà) fini vos devoirs ?〈est-ce que〉

あなたたちは（すでに）宿題を終えましたか？

アヴェ　　ヴ　　デジャ　フィニ　ヴォ　ドゥヴォワール
Avez-vous (déjà) fini vos devoirs ?〈主語と動詞の倒置〉

あなたたちは（すでに）宿題を終えましたか？

> **否定文：主語＋ ne ＋助動詞＋ pas ＋動詞の過去分詞**

ヴ　　ナヴェ　パ　アンコール　フィニ　ヴォ　ドゥヴォワール
Vous n'avez pas (encore) fini vos devoirs.

あなたたちは（まだ）宿題を終えていませんでした。

練習問題 Exercices

🎙 47

1 音声を聞いて（　　　　）に当てはまる語を入れましょう。

❶ J'ai travaillé (　　　　　　　　) .

昨日、私は働きました（←アルバイトしました）。

❷ (　　　　　　　　), tu as mangé quelque chose ?

今朝、きみは何か食べたかな？

❸ (　　　　　　　　), elles ont joué au tennis.

先週、彼女たちはテニスをしました。

❹ Vous avez (　　　　　　) réservé le restaurant ?

あなたたちは、もうレストランを予約しましたか？

2 下記の語群より（　　）内に入る適切な動詞を選び、複合過去形にして入れましょう。

❶ Il (　　　　　　　) un ami français.

彼はフランス人の友人に会った。

❷ Ils (　　　　　　　) dans un restaurant.

彼らはレストランで夕食をとりました。

❸ Et ils (　　　　　　) un match de football à la télévision.

そして彼らはテレビでサッカーの試合を観ました。

❹ On (　　　　　　) ? - Oui, nous (　　　　　　) ?

（私たちは）勝ったの？－ うん、私たちは勝ったよ！

❺ Alors, vous (　　　　　) bien (　　　　　　　) hier soir ?

それでは、昨晩、あなたたちはよく眠れましたか？

---

travailler / regarder / rencontrer / réserver / gagner / finir
/ choisir / terminer / manger / déjeuner / dîner / dormir

《解答》 1 ❶hier ❷Ce matin ❸La semaine dernière ❹déjà

2 ❶a rencontré ❷ont dîné ❸ont regardé ❹a gagné / avons gagné

❺avez / dormi

🎙48

複合過去(2) 助動詞être
エートる

passé composé(2)
バセ　　　　コンボゼ

日常的によく使う過去形のひとつ、「複合過去」の続きです。

複合過去

「複合過去」は、助動詞に avoir または、être の使い分けが必要です。
アヴォワーる　　　　　エートる

> **主語＋助動詞（avoir または être の活用）＋動詞の過去分詞**
> アヴォワーる　　　エートる
>
> 「〜は…した」

過去の行為を表し、意味は「〜は…した、…だった」です。また、現在において完了した行為や経験した行為を表し、「〜は…してしまった」〈完了・結果〉「〜は…したことがある」〈経験〉を意味します。

> ここでは、助動詞に être をとる動詞を見ていきましょう。
> エートる

複合過去の作り方(2) 助動詞être
エートる

ステップ❶ 移動や状態の変化などを表す動詞は助動詞に être をとる
エートる

aller「行く」や venir「来る」など移動を表す動詞や、naître「生まれる」や
アレ　　　　　ヴニーる　　　　　　　　　　　　　　　　　　　　ネートる
mourir「死ぬ」など状態の変化を表す動詞は、助動詞に être を用います。助動詞
ムリーる　　　　　　　　　　　　　　　　　　　　エートる
の être も avoir と同様、主語に応じて現在形で活用します。なお、代名動詞も助動
詞に être を用います。
エートる

【例】Je suis venu en France il y a un an.
　　　ジュ スュィ　ヴニュ　アン　フらーンス　イ リ ヤ アン ナン

　　　Je suis venue en France il y a un an.（主語が女性）
　　　ジュ スュィ　　ヴニュ　　アン　フらーンス　アン　イ リ ヤ アン ナン

　　　私は1年前にフランスに来ました。

ステップ❷ 動詞の過去分詞を作る

（1）過去分詞の作り方は助動詞がavoir^{アヴォワール}のときと同じです。第1群規則動詞（-er動詞）の過去分詞は -er を -é に、第2群規則動詞（-ir動詞）の過去分詞は -ir を -i に、不規則動詞は特殊な形の過去分詞をもつため、それぞれ覚える必要があります。

助動詞にêtreをとる動詞の過去分詞（特殊な形の過去分詞を含む）					
aller	→ allé *	行く	venir	→ venu	来る
partir	→ parti	出発する	arriver	→ arrivé	到着する
sortir	→ sorti	出かける	entrer	→ entré	入る
tomber	→ tombé	転ぶ、落ちる	rentrer	→ rentré	帰る
monter	→ monté	登る	descendre	→ descendu	降りる
naître	→ né	生まれる	mourir	→ mort	死ぬ

＊aller「行く」は不規則動詞ですが -erを-é に変える作り方に準じ、過去分詞はallé となります。

【例】Je suis allé à Paris.

Je suis allée à Paris. （主語が女性） 私はパリに行きました。

（2）助動詞がêtre^{エートル}の場合（助動詞がavoir^{アヴォワール}のときとは異なり）、過去分詞は主語に性数を一致させる必要があります。つまり、主語が女性の場合は過去分詞に -e を、複数の場合は -s を、女性複数の場合は -esをつけます。

主語	単数	複数
男性	Il est allé au cinéma. 彼は映画館に行きました。	Ils sont allés au cinéma. 彼らは映画館に行きました。
女性	Elle est allée au cinéma. 彼女は映画館に行きました。	Elles sont allées au cinéma. 彼女たちは映画館に行きました。

＊主語onが「私たち」を示すときも過去分詞は性数一致します。On est allé(e)s au café.「私たちは映画館に行きました」。

 助動詞 être<ruby>エートる</ruby>と過去分詞の性数一致

助動詞に être<ruby>エートる</ruby> をとる複合過去では、過去分詞は主語に性数を一致させる必要があります。過去分詞は〈過去〉や〈受け身〉を表し、〈主語 je<ruby>ジュ</ruby>「私は」＝過去分詞 allé(e)(s)<ruby>アレ</ruby>「行ってしまった（状態）」〉のように一致していることがわかります。このことから、助動詞に être をとることと、過去分詞の性数一致が必要なことが理解できます。

（いっぽう、助動詞に avoir<ruby>アヴォワーる</ruby> をとる複合過去では、〈主語 je<ruby>ジュ</ruby>「私は」≠過去分詞 mangé<ruby>マンジェ</ruby>「食べられた（状態）」〉のように一致することはありません。助動詞に être<ruby>エートる</ruby> をとらず、過去分詞の性数一致も必要ではないことが理解できます。）

【例】**Je suis né à Paris. / Je suis née à Paris.**（主語が女性）
ジュ スィ ネ ア パリ　　　ジュ スィ ネ ア パリ

私はパリで生まれました。

Nous sommes allés à Paris. / Nous sommes allées à Paris.
ヌ　 ソム ザレ ア パリ　　　ヌ　 ソム ザレ ア パリ

私たちはパリに行きました。（主語が女性）

 代名動詞の複合過去の作り方

代名動詞の複合過去も助動詞に être<ruby>エートる</ruby> をとります。再帰代名詞 se<ruby>ス</ruby> が直接目的補語の場合、過去分詞は主語（＝直接目的補語）に性数一致させます。過去分詞は〈過去〉や〈受け身〉を表し、〈直接目的補語 me<ruby>ム</ruby>「私を」＝過去分詞 levé(e)(s)<ruby>ルヴェ</ruby>「起こされた（状態）」〉のように一致していることがわかります。このことから、助動詞に être<ruby>エートる</ruby> をとり、過去分詞の性数一致が必要なことが理解できます。

【例】**Je me suis levé à sept heures. / Je me suis levée à sept heures.**
ジュ ム スュィ ルヴェ ア セット トゥーる　　　ジュ ム スュィ ルヴェ ア セット トゥーる

私は7時に起きました。（主語が女性）

Parlons ensemble! 複合過去の文章で目的補語人称代名詞を使って応答文を作って話してみましょう。

【例】**Avez-vous (déjà) fait les devoirs ?** あなたは（もう）宿題はしましたか？
アヴェ ヴ デジャ フェ レ デヴォワーる

–Oui, je les ai (déjà) faits. - はい、私は（すでに）それら（←宿題）をしました。
ウィ ジュ レ ゼ デジャ フェ

–Non, je ne les ai pas (encore) faits. - いいえ、私は（まだ）それら（←宿題）をしていませんでした。
ノン ジュ ヌ レ ゼ パ アンコーる フェ

168

練習問題 Exercices

1 日本語訳に合うように、単語を正しい語順に並べ替えて、フランス語の文章を完成させましょう。ただし文頭にくる文字も小文字にしてあります。

① [au / musée du Louvre / suis / je / allé] hier.

私は昨日ルーヴル美術館に行きました。

> **ヒント** ＊ le musée du Louvre m. 「ルーヴル美術館」
> ＊動詞 aller「行く」は移動を表す動詞なので、助動詞に être をとります。過去分詞は allé です。（主語が女性の場合、過去分詞を主語に性数一致させて allée となります。）

② [rentré / il / chez / est / lui] à minuit.

彼は深夜に帰宅しました。

> **ヒント** ＊ à minuit「真夜中に」
> ＊動詞動詞 rentrer「帰る」は移動を表す動詞なので、助動詞に être をとります。過去分詞は rentré です。rentrer は -er 動詞なので過去分詞は語尾の -er を -é にして rentré、主語が男性なので性数一致はなく rentré のままです。

③ Hier soir, [dix / s' / elle / couchée / est / heures / à] .

昨晩、彼女は10時に寝ました。

> **ヒント** ＊ se coucher「寝る」代名動詞の複合過去は助動詞に être をとります。coucher は -er 動詞なので過去分詞は語尾の -er を -é にして couché、主語が女性なので性数一致して couchée となります。

④ [à / es / née / tu / Tokyo] ?

きみは東京で生まれたの?

> **ヒント** ＊ naître「生まれる」は、状態の変化を表す動詞なので助動詞に être をとります。過去分詞は né、主語が女性なので性数一致して née となります。

《 解答 》 1 ① [Je suis allé au musée du Louvre] hier.

② [Il est rentré chez lui] à minuit.

③ Hier soir, [elle s'est couchée à dix heures].

④ [Tu es née à Tokyo] ?

🎤49

半過去
アンパルフェ
imparfait

日常的によく使う２つの過去形のうち、次に「半過去」について学びます。

半過去

フランス語ではimparfaitアンパルフェ「不完全な、未完成の」という名称の過去形です。

主語 ＋ 動詞の半過去形（すべての動詞で共通の語尾活用）

〜は…していた、〜は…したものだった

１つめの用法は、過去における継続的な行為・状態を表し、「〜は…していた」です。

もう１つの用法として、過去における習慣・反復的な行為を表し、「〜は…したものだった」を意味します。

【例】 **Autrefois, nous habitions à Paris.**
オトルフォア　ヌ　ザビティヨ　ア　パリ

以前、私たちはパリに住んでいました。〈過去の継続的な行為・状態〉

Quand j'étais petite, je chantais tous les jours.
カン　ジェテ　プティット　ジュ　シャンテ　トゥ　レ　ジュール

私が幼かったとき、毎日歌っていたものです。〈状態〉＋〈反復〉

> 動詞の語尾変化だけでできるので、作り方は複合過去よりずっと簡単です。

半過去の作り方

　語尾はすべての動詞に共通で、語幹は現在形の1人称複数 nous（ヌ）の活用から -ons（オン）をとった形です。たとえば、habiter（アビテ）という動詞の場合、次のようになります。

【現在形】　nous **habitons**　→　-ons をとって**半過去の語尾**をつける

【半過去形】je -ais, tu -ais, il (elle) -ait, nous -ions, vous -iez, ils (elles) -aient

　　　　　となります。

habiter（アビテ）　住む	
j'habitais（ジャビテ）	**nous habitions**（ヌ ザビトン）
tu habitais（テュ アビテ）	**vous habitiez**（ヴ ザビテ）
il habitait（イ ラビテ）	**ils habitaient**（イル ザビテ）
elle habitait（エ ラビテ）	**elles habitaient**（エル ザビテ）

　語幹の作り方は、être（エートる）を除いて規則動詞も不規則動詞もすべて同じです。

原形		語幹		半過去の活用
第1群規則動詞　**habiter**（アビテ）	→	nous **habit**ons（ヌ ザビトン）	→	**j'habitais**（ジャビテ）
第2群規則動詞　**finir**（フィニーる）	→	nous **finiss**ons（ヌ フィニソン）	→	**je finissais**（ジュ フィニセ）
不規則動詞　**faire**（フェーる）	→	nous **fais**ons（ヌ フゾン）	→	**je faisais**（ジュ フゼ）

　ただし、例外が1つあり、être（エートる）は特殊な語幹をもちます。être（エートる）は現在形 nous sommes（ソンム）から語幹を作れません。語幹は ét- です。

　avoir（アヴォワーる）は nous avons（ヌ ザヴォン）から語幹を作ることができます。よく使うこの2つの動詞 être（エートる）と avoir（アヴォワーる）は何度も発音し、このまま覚えてしまいましょう！

être（エートる）　～である	
j'étais（ジュテ）	**nous étions**（ヌ ゼティヨン）
tu étais（テュ エテ）	**vous étiez**（ヴ ゼティエ）
il était（イ レテ）	**ils étaient**（イル ゼ テ）
elle était（エ レテ）	**elles étaient**（エル ゼ テ）

avoir（アヴォワーる）　～を持つ	
j'avais（ジャヴェ）	**nous avions**（ヌ ザヴィヨン）
tu avais（テュ アヴェ）	**vous aviez**（ヴ ザヴィエ）
il avait（イ ラヴェ）	**ils avaient**（イル ザヴェ）
elle avait（エ ラヴェ）	**elles avaient**（エル ザヴェ）

もう一歩！ *Un pas de plus !* 時を表すquandとil y a～

複合過去や半過去などの過去形は、時を表す接続詞や副詞や副詞句に加えて、時を表す副詞節をともなうことも多いです。いっしょに覚えましょう。

過去の文章でよく用いる「時を表す接続詞と前置詞句」	
～したときに	quand 主語+動詞（おもに複合過去、être の半過去）
（今から）～前に	il y a 数字+ 期間を示す名詞(jour 日, mois 月, an 年 など)

【例】 **J'habitais à Paris il y a trois ans.**

3年前に私はパリに住んでいました。

もう一歩！ *Un pas de plus !* 複合過去と半過去の使い方の違い

❶ 複合過去：**点の過去**（動作action の過去）

　出来事や動作の過去で、「～した」と訳せます。

❷ 半過去：**線の過去**（状況・背景description の過去）

　過去の状況、習慣、反復など、過去のある時点で起こっていたことがらを表し、「～していた、～したものだった」と訳せます。

　（出来事や動作が起こったことを複合過去で示して「～した」と訳し、その際の状況や背景を半過去で示すことで「～していた」と訳すことができます。）

複合過去（動作の過去）　　　半過去(状況・背景の過去)

【例】 **Quand** ma mère m'a téléphoné, je dormais.

母が電話したとき、私は 寝ていました。

練習問題 Exercices

🎤50

1 音声を聞いて（　　　）に当てはまる単語を聞き取りましょう。

❶ (　　　　　　), je travaillais.

以前、私は働いていました（←アルバイトをしていました）。

❷ (　　　　　　), il n'était plus là.

今朝、彼はもうそこにはいなかった。

❸ Elles jouaient au tennis tous les week-ends (　　　　　　).

2年前、彼女たちは週末ごとにテニスをしていた。

❹ Je préparais le dîner (　　　　　　) maman est rentrée.

お母さんが帰ってきたとき、私は夕食を準備していました。

2 下記の語群より（　　　）内に入る適切な動詞を選び、半過去形にしましょう。

❶ Il y a dix ans, nous (　　　　　　) souvent nager dans la mer.

10年前、私たちはよく海へ泳ぎに行ったものだった。

❷ Mon père (　　　　　　) le journal à ce moment-là.

そのとき、父は新聞を読んでいました。

❸ Avant, ma sœur (　　　　　　) être chanteuse.

以前、私の姉は歌手になりたかった。

❹ Mon chien est mort quand j'(　　　　　　) sept ans.

ぼくが7歳のとき、飼っていた犬が死んだ。

> être / travailler / aller / finir / lire / pouvoir / vouloir /avoir

----

《解答》 1 ❶Avant ❷Ce matin ❸il y a deux ans ❹quand

2 ❶allions ❷lisait ❸voulait ❹avais

🎤 51

単純未来

フュテューる　サーンプル
futur simple

日常的によく使う未来形は1つだけ、「単純未来」という時制です。

単純未来

フュテューる　サーンプル
フランス語で futur simple「単純な未来」、文字通り未来のことを話す時制です。

> **主語 + 動詞の単純未来形**（すべての動詞で共通の語尾活用）
> 〜は…だろう、〜は…でしょう

未来の事柄を表し、意味は「〜は…だろう、〜は…でしょう」です。もう1つの用法として、2人称単数・複数の主語で軽い命令「（きみは、あなたは）…してください、…しましょう」を示すこともあります。

ヌ　　　　ザビトゥろン　　　　ア　　パリ
【例】**Nous habiterons à Paris.**

　私たちは パリに 住むでしょう。〈未来の行為〉

ヴ　　フィニれ　ス　トらバイユ　アヴァン　ミディ
Vous finirez ce travail avant midi.

（あなたは）この仕事を 昼までに 終えてください。〈軽い命令〉

> 単純未来の意味は、未来に起こり得るであろう予定や予測で「〜だろう、〜でしょう」と訳すことができます。文字通り「単なる未来」を表す時制です。
> 一方、近接未来の意味は、近い未来に実現される確実性の高い予定を示して「〜するところだ、〜するつもりだ」と訳すことができます（→p.140-141）。

単純未来の作り方

語尾はすべての動詞に共通で、語幹は多くの場合、動詞の原形から作ります。
たとえば、habiter という動詞の場合、次のようになります。

【動詞の原形】**habiter** → 語末の **-r** をとって**単純未来の語尾**をつける

【単純未来形】je **-rai**, tu **-ras**, il(elle) **-ra**, nous **-rons**, vous **-rez**, ils(elles) **-ront**
となります。

アビテ **habiter** 住む	
ジャビトゥれ **j'habiterai**	ヌ ザビトゥろン **nous habiterons**
テュ アビトゥら **tu habiteras**	ヴ ザビトゥれ **vous habiterez**
イ ラビトゥら **il habitera**	イル ザビトゥろン **ils habiteront**
エ ラビトゥら **elle habitera**	エル ザビトゥろン **elles habiteront**

語幹の作り方は、動詞の原形の語尾が -er , -ir は -r だけを、-re は -re を除いた形です。

原形		語幹		単純未来の活用
第1群規則動詞 アビテ **habiter**	→	**habite-** （-rをとる）	→	ジャビトゥれ **j'habiterai**
第2群規則動詞 フィニーる **finir**	→	**fini-** （-rをとる）	→	ジュ フィニれ **je finirai**
-re で終わる多くの動詞 プらーンドる **prendre**	→	**prend-** （-reをとる）	→	ジュ プらンドれ **je prendrai**

ただし、不規則動詞の多くは特殊な語幹をもちます。

原形	語幹	活用	原形	語幹	活用
エートる **être** 〜である	**se-**	ジュ スれ **je serai**	アヴォワーる **avoir** 〜を持つ	**au-**	ジョれ **j'aurai**
アレ **aller** 行く	**i-**	ジれ **j'irai**	ヴニーる **venir** 来る	**viend-**	ジュ ヴィヤンドれ **je viendrai**
プヴォワーる **pouvoir** 〜できる	**pour-**	ジュ プれ **je pourrai**	ヴロワーる **vouloir** 〜したい	**voud-**	ジュ ヴドれ **je voudrai**
フェーる **faire** 〜する	**fe-**	ジュ フれ **je ferai**	ディーる **dire** 言う	**di-**	ジュ ディれ **je dirai**
エクリーる **écrire** 書く	**écri-**	ジェクリれ **j'écrirai**	リーる **lire** 読む	**li-**	ジュ リれ **je lirai**
ヴォワーる **voir** 見る、会う	**ver-**	ジュ ヴェれ **je verrai**	サヴォワーる **savoir** 知っている	**sau-**	ジュ ソれ **je saurai**
フォロワーる* **falloir** 〜する必要がある	**faud-**	イル フォドら **il faudra**	プルヴォワーる* **pleuvoir** 雨が降る	**pleuv-**	イル プルヴら **il pleuvra**

＊非人称動詞 falloir と pleuvoir は il の活用しかありません。非人称構文のため主語の il は訳しません
（→p.180-183）。

<ruby>si<rt>スィ</rt></ruby>「もし」を用いて、「もし〜が…なら、〜は…だろう/…でしょう」という現在の事実にもとづく仮定を表すことができます。

> ### <ruby>Si<rt>スィ</rt></ruby> (S') ＋ 主語 ＋動詞の現在形 ，主語 ＋ 動詞の単純未来形
>
> もし〜が…なら、〜は…だろう/…でしょう

＊<ruby>si<rt>スィ</rt></ruby>は後ろに主語ilまたはilsが続くときs'とエリジョンします。

<ruby>S'il fait<rt>スィ フェ</rt></ruby> beau <ruby>demain<rt>ドゥマン</rt></ruby>, <ruby>j'irai<rt>ジ れ</rt></ruby> <ruby>à<rt>ア</rt></ruby> <ruby>la<rt>ラ</rt></ruby> <ruby>plage<rt>プラージュ</rt></ruby>.

明日、もし晴れたら、私は浜辺へ行くつもりです（行くでしょう）。

＊非人称構文（il fait＋天気の表現「天気は〜です」）のため主語のilは訳しません（→p.182-185）。

単純未来と時を示す表現

単純未来は、時を示す副詞をともなうことが多いです。いっしょに覚えましょう。

未来の文章でよく用いる時を示す表現		
<ruby>demain<rt>ドゥマン</rt></ruby> 明日	<ruby>après-demain<rt>アプれ ドゥマン</rt></ruby> 明後日	<ruby>dans deux jours<rt>ダン ドゥ ジューる</rt></ruby> 2日後
<ruby>l'après-midi<rt>ラプれ ミディ</rt></ruby> 午後	<ruby>ce soir<rt>ス ソワーる</rt></ruby> 今晩	<ruby>demain matin<rt>ドゥマン マタン</rt></ruby> 明朝
<ruby>la semaine prochaine<rt>ラ スメーヌ プろシェンヌ</rt></ruby> 来週	<ruby>le mois prochain<rt>ル モワ プろシャン</rt></ruby> 来月	<ruby>l'année prochaine<rt>ラネ プろシェンヌ</rt></ruby> 来年
<ruby>après<rt>アプれ</rt></ruby> 〜のあとで	<ruby>ne 〜 plus 〜<rt>ヌ プリュ</rt></ruby> （否定文）もはや〜ない	<ruby>ne 〜 jamais 〜<rt>ヌ ジャメ</rt></ruby> （否定文）決して〜ない

練習問題 Exercices

🎤 52

1 音声を聞いて（　　　　）に当てはまる単語を聞き取りましょう。

① （　　　　　　　　　　）, il pleuvra dans le Sud.

午後、南部では雨が降るでしょう。

② （　　　　　　　　　　）, il fera beau à Paris.

明日、パリは晴れるでしょう。

③ Il neigera dans* les Alpes （　　　　　　　　　　　　　）.

一週間後にはアルプス山脈で雪が降るでしょう。

④ （　　　　　　　） il fait beau demain, qu'est-ce que tu feras ?

明日もし天気がよければ、きみは何をするの?

2 下記の語群より（　　　）内に入る適切な動詞を選び、単純未来形にして入れましょう。

① Cet après-midi, j'（　　　　　　　　） au musée du Louvre.

今日の午後、私はルーヴル美術館に行くでしょう。

② Le soir, nous （　　　　　　　　） dans un bon restaurant.

夜は、私たちはおいしいレストランで夕食をとるだろう。

③ Après le dîner, on （　　　　　　　　） au bord de la Seine.

夕食のあと、私たちはセーヌ川の河岸を散歩するでしょう。

④ Tu （　　　　　　　　） le château de Versailles demain ?

明日、ヴェルサイユ宮殿を見に行く(=訪問する)の?

⑤ Après-demain, vous （　　　　　　　　） pour Nice ?

明後日、あなたたちはニースに出発するのでしょう?

être / travailler / aller / déjeuner / visiter / dîner / se promener** / partir

．．．

《解答》 1 ①L'après-midi　②Demain　③(dans une semaine) dans huit jours*　④S'

　　　　2 ①irai　②dînerons　③se promènera**　④visiteras　⑤partirez

＊「〜後に」は前置詞 dans を使います（→p.176）。「1週間後に」は dans une semaine、または「8日後に（＝7日後に）」の意味で dans huits jours を使います。

＊＊ se promener「散歩する」は -er 動詞ですが、語幹の一部が不規則に変化します。単純未来の語幹は promène- となります。

177

曜日・月・季節

曜日、月、季節を表す単語です。よく使う表現もあわせて覚えましょう。

月の名前					
ジャンヴィエ **janvier** 1月	フェヴリエ **février** 2月	マるス **mars** 3月	アヴリル **avril** 4月	メ **mai** 5月	ジュアン **juin** 6月
ジュイエ **juillet** 7月	ウ(ート) **août** 8月	セプターンブる **septembre** 9月	オクトーブる **octobre** 10月	ノヴァーンブる **novembre** 11月	デサーンブる **décembre** 12月

＊「1月に」は、en janvier または au mois de janvier のように言います。

【日にちの表し方】

Nous sommes le 14(quatorze) juillet. 今日は7月14日です。

C'est le premier janvier. 1月1日です。

＊ Nous sommes 〜 . または／ C'est 〜 . いずれかの表現で日付を述べます。

＊1日には序数を使い、それ以外は基数を使います。日付には定冠詞をつけます。

曜日の名前						
ランディ **lundi** 月曜日	まるディ **mardi** 火曜日	メるくるディ **mercredi** 水曜日	ジュディ **jeudi** 木曜日	ヴァンドるディ **vendredi** 金曜日	サムディ **samedi** 土曜日	ディマーンシュ **dimanche** 日曜日

季節の名前			
ブらンタン **printemps** 春	エテ **été** 夏	オトンヌ **automne** 秋	イヴェーる **hiver** 冬

＊「春に」は au printemps 、「夏に」は en été 、「秋に」は en automne 、冬には en hiver と言います。

フランス語の
構文と用法

Leçon 1

非人称構文 (1) 時間と天気
コンストリュクスィヨン　　アンペるソネル
construction impersonnelle

代名詞の il を形式的な主語として用いる構文を非人称構文といいます。

時間を表す非人称構文

イ　レ　　　　　　　　　　　　　　　　　ウーる
Il est ＋数字● ＋ heure(s)（＋数字▲).

●時（▲分）です。

＊数字以外に midi「正午12時」と minuit「深夜0時」を使います。

 時間を尋ねたり、答えたりする文章を作ってみましょう。

イ　レ　ケ　ルーる　　　　　　ケ　　ルーる　エ　ティル
Il est quelle heure ? / Quelle heure est- il ?

（いま）何時ですか？

イ　レ　ユイ　トゥーる　ディス
-Il est huit heures dix.

-（いま）8時10分です。

イ　レ　　ミニュイ
-Il est minuit.

-（いま）深夜0時です。

> 「何時？」と聞くには
> 疑問形容詞を用いて
> quelle heure「どの時間？」
> と尋ねます。
> heure は女性単数の名詞なので女性
> 単数の quelle をつけます (→p.93)。

語 彙 Vocabulaire! 12時間表記のしかた

デュ　マタン du matin　朝の	ドゥ　ラプれ　ミディ de l'après-midi　午後の	デュ ソワーる du soir　夜の
エ　カーる et quart　15分	エ　ドゥミ et demie　30分	モワン　ル　カーる moins le quart 45分（〜時15分前）

時間を伝える表現

時間の表現は、12時間表記と24時間表記の両方があります。分の表現は、1時間を4つに分ける日常的な言い方と、1桁の数字まで正確に伝える言い方の、大きく分けて2つがあります。

 時間の表現を使って話してみましょう。

日常会話ではこちらをよく使います。 ポイント：15分刻みで表現	正確さが必要なときはこちらを使います。 ポイント：1分刻みで表現（交通機関など）
イ レ ユイ トゥール デュ マタン **Il est huit heures du matin.** 朝の8時です。	イ レ ユイ トゥール **Il est huit heures.** 8時です。
イ レ ドゥ ズール ドゥ ラプれ ミディ **Il est deux heures de l'après-midi.** 午後2時です。	イ レ ドゥー ズール サンク **Il est douze heures cinq.** 14時5分です。
イ レ セッ トゥール デュ ソワール **Il est sept heures du soir.** 夜の7時です。	イ レ ディズ ヌ ヴール ディ セット **Il est dix-neuf heures dix-sept.** 19時17分です。
イ レ トロワ ズール エ カール **Il est trois heures et quart.** 3時15分です。	イ レ トロワ ズール カーンズ **Il est trois heures quinze.** 3時15分です。
イ レ カト るール エ ドゥミ **Il est quatre heures et demie.** 4時30分です。	イ レ セー ズール トラーント **Il est seize heures trente.** 16時30分です。
イ レ サン クール モワン ル カール **Il est cinq heures moins le quart.** 5時15分前（4時45分）です。	イ レ セー ズール カラーント サンク **Il est seize heures quarante-cinq.** 16時45分です。
イ レ ミディ **Il est midi.** 正午です。	イ レ ミディ モワン ディス **Il est midi moins dix.** 正午10分前です。

1時のみ単数形の heure、
2時以上は複数形の heures です。

天気を表す非人称構文

Il fait ＋ 天気の表現 〈イル フェ〉 （天気は）〜です。

＊ただし、動詞はfaire以外にpleuvoir〈プルヴォワーる〉「雨が降る」とneiger〈ネジェ〉「雪が降る」を使います。

作ってみよう！ Activité! 天気を尋ねたり、答えたりする文章を作ってみましょう。

Il fait quel temps ? / Quel temps fait-il?
〈イル フェ ケル タン〉　　　　　〈ケル タン フェ ティル〉

（いま）どんな天気ですか？

-**Il fait beau.**
〈イル フェ ボー〉

- 天気がよいです。（＝晴天です。）

-**Il fait mauvais.**
〈イル フェ モヴェ〉

- 天気が悪いです。

「どんな天気？」と聞くには
疑問形容詞を用いて
quel temps「どの天気？」〈ケル タン〉
のように尋ねます。
tempsは男性単数の名詞なので〈タン〉
男性単数のquelをつけます。

天気を伝える表現

天気の表現には、天気を表す非人称動詞あるいは、動詞faire〈フェーる〉を用います。それほど数は多くありませんので、例文で個々に覚えてしまいましょう。

❶ Il 〈イル〉 ＋ **天気を表す非人称動詞**

❷ Il fait 〈イル フェ〉 ＋ **形容詞**

❸ Il fait 〈イル フェ〉 **または Il y a** 〈イリヤ〉 ＋ **数詞や冠詞** ＋ **名詞**

❶ 天気を表す非人称動詞

pleuvoir〈プルヴォワーる〉「雨が降る」やneiger〈ネジェ〉「雪が降る」のように、非人称構文でしか使われない動詞があります。どの時制でもil〈イル〉の活用しかありません。

Il pleut aujourd'hui.
〈イル プル オジュるデュイ〉

今日は雨が降っています。〈現在〉

Il pleuvait hier soir.
〈イル プルヴェ イエーる ソワーる〉

昨晩雨が降っていました。〈半過去〉

Il pleuvra demain.
〈イル プルヴら ドゥマン〉

明日は雨が降るでしょう。〈単純未来〉

❷ Il fait ＋形容詞

イル フェ ショ
Il fait chaud.　　（天気が）暑いです。

イル フェ フロワ
Il fait froid.　　（天気が）寒いです。

 語彙 *Vocabulaire!* 天気の表現（形容詞）

ボー **beau** 晴れた、好天の	ボン **bon** 気持ちがいい	ショ **chaud** 暑い	ユミッド **humide** 湿気の多い
モヴェ **mauvais** 悪い	グリ **gris** どんよりした、曇った	フロワ **froid** 寒い	フれ **frais** 涼しい、肌寒い

❸ Il fait またはIl y a ＋数詞や冠詞＋名詞

イ リヤ デュ ヴァン
Il y a du vent.　　　風があります。

イ リヤ デ ニュアージュ
Il y a des nuages.　　曇っています。

語彙 *Vocabulaire!* 天気の表現（名詞）

イル フェ **Il fait … .**	イル フェ **Il fait … .** イル リヤ **Il y a … .**	イ リヤ **Il y a … .**	
トゥれーント ドゥグれ **trente degrés** 気温が30℃だ	デュ ヴァン **du vent** 風がある	ドゥ ラ プリュイ **de la pluie** 雨だ	デ ニュアージュ **des nuages** 曇っている
モワン サン ドゥグれ **moins cinq degrés** 気温が - 5℃だ	デュ ソレイユ **du soleil** 日が照っている	ドゥ ロラージュ **de l'orage** 雷雨だ	アン ティフォン **un typhon** 台風だ

フェール
faire の活用は、現在だけでなく過去や未来の時制でも言うことができます。

イル フェ ボー オジュるデュイ
Il fait beau aujourd'hui.　　今日は天気がいいです。　　〈現在〉

イル フゼ ボー イエーる
Il faisait beau hier.　　昨日は天気がよかったです。　　〈半過去〉

イル フら モヴェ ドゥマン
Il fera mauvais demain.　　明日は天気が悪いでしょう。　　〈単純未来〉

練習問題 Exercices

🎤 54

1 音声を聞いて（　　　）内に適する数字や語句を入れましょう。

① Il est （　　　　　　　　） heures.

② Il est （　　　　　　　　） heures et （　　　　　　　　）.

③ Il est （　　　　　　　　） heures （　　　　　　　　）.

④ Il est six heures （　　　　　　　　）.

⑤ Il est deux heures （　　　　　　　　）.

．．．

《解答》

1 ① (six)　6時　「6時です。」

　② (deux) (quart)　2時15分　「2時15分です。」

　③ (quinze) (vingt)　15時20分　「午後3時20分です。」

　④ (du matin)　「朝の6時です。」

　⑤ (de l'après-midi)　「午後の2時です。」

2 ① beau「晴れ」　　　　　　　　② vingt-cinq degrés「25℃」

　③ vingt-huit degrés「28℃」　　④ bon「気持ちのよい天気」

　⑤ chaud「暑い」　　　　　　　⑥ des orages「雷雨」

　⑦ pleuvra「雨」　　　　　　　⑧ du soleil「晴れ（日が照っている）」

　全訳：明日は、ブルターニュ地方からプロヴァンス地方にかけてのフランス西部と南部で晴れるでしょう。気温は快適で、ブレストでは25℃、ボルドーでは28℃でしょう。マルセイユでは気持ちのよい天気、ニースでは少し暑くなるでしょう。しかし、パリとアルザスやブルゴーニュのフランス東部では雷雨があるでしょう。北部では、朝、雨の予報ですが、午後には日射しが戻るでしょう。

2 明日の天気予報の音声を聞き、下の地図を参考に（　）内で述べられている天気を書いてみましょう。

Demain, il fera ①（　　　）dans l'ouest et dans le sud du pays, de la Bretagne à la Provence. Les températures seront agréables ; il fera
②（　　　）à Brest, ③（　　　）à Bordeaux. Il fera ④（　　　）à Marseille, un peu ⑤（　　　）à Nice.

Mais il y aura ⑥（　　　）à Paris et dans l'est de la France, en Alsace et en Bourgogne.

Dans le nord, le matin, il ⑦（　　　）, mais l'après-midi, il y aura ⑧（　　　）.

ヒント l'est「東」 l'ouest「西」 le sud「南」 le nord「北」

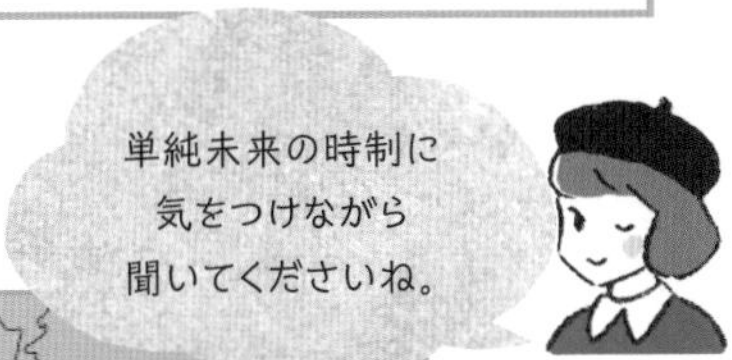
単純未来の時制に
気をつけながら
聞いてくださいね。

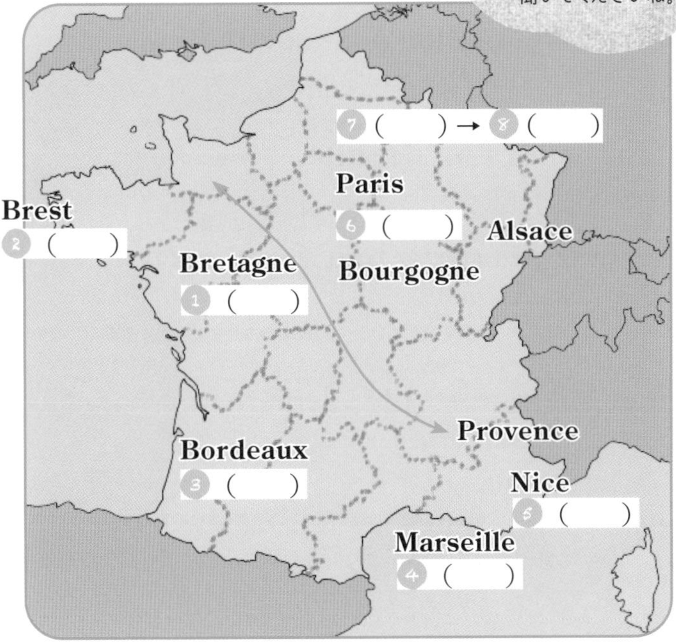
⑦（　）→ ⑧（　）
Paris
⑥（　）
Alsace
Brest
②（　）
Bretagne
①（　）
Bourgogne
Provence
Bordeaux
③（　）
Nice
⑤（　）
Marseille
④（　）

🎤 55

非人称構文(2) その他
コンストリュクスィヨン　　　　　　　　　　　　アンベるソネル
construction impersonnelle

その他の非人称構文を確認しておきましょう。

非人称構文でのみ用いる動詞

非人称動詞 falloir（3人称単数の活用形のみ）

イル フォ	
Il faut + 名詞	「〜が必要だ」
不定詞（動詞の原形）	「〜することが必要だ、 〜しなければならない」
接続詞 que + 接続法	「（主語が）〜しなければならない」

【例】 イル フォ アン　　パらプリュイ　　ブーる　ソるティーる
Il faut un parapluie pour sortir. 〈il faut + 名詞〉

外出するのに傘が必要です。

> イル フォ ク
> Il faut que 以下の節は
> 接続法となることが
> 大切なポイントなので、
> 5章で学びましょう
> （→p.208-210）。

イル フォ バるティーる トゥ ドゥ スュイット
Il faut partir tout de suite. 〈il faut + 不定詞〉

すぐに出発しなければならない。

イル ヌ フォ バ バるティーる トゥ ドゥ スュイット
Il ne faut pas partir tout de suite.

すぐに出発してはいけません。

*否定文では、「〜してはいけない」（禁止）の表現になります。

イル フォ ク ヴ ズィ アリエ ドゥマン
Il faut que vous y alliez demain. 〈il faut + 接続詞 que + 接続法〉

あなた（たち）は明日行かなければなりません。

イル ヌ フォ バ ク ヴ ズィ アリエ ドゥマン
Il ne faut pas que vous y alliez demain.

あなた（たち）は明日行ってはいけません。

*否定文では、「〜してはいけない」（禁止）の表現になります。

非人称動詞valoir（3人称単数の活用形のみ）

Il vaut mieux ＋ **不定詞（動詞の原形）**　「〜するほうがよい」
イル　ヴォ　ミュー

接続詞que ＋ **接続法**　「（主語が）〜するほうがよい」
ク

【例】 **Il vaut mieux attendre ici.** 〈il vaut mieux ＋不定詞〉
イル　ヴォ　ミュー　アターンドる　イスィ

ここで待っているほうがいい。

Il vaut mieux que tu attendes ici. 〈il vaut mieux ＋接続詞que ＋接続法〉
イル　ヴォ　ミュー　ク　テュ　アタァンド　イスィ

きみはここで待っているほうがいい。

非人称でも用いる動詞による非人称構文

il estを用いる非人称構文

Il est ＋ **形容詞** ＋ **de** ＋ **不定詞（動詞の原形）**　「…することは〜だ」
イ　レ　ドゥ

【例】 **Il est difficile de répondre à cette question.**
イ　レ　ディフィスィル　ドゥ　れポーンドる　ア　セット　ケスティヨン

その質問に答えるのは難しいです。

Il est [C'est] agréable de déjeuner en plein air.
イ　レ　セ　タグれアーブル　ドゥ　デジュネ　アン　プラン　ネーる

戸外で昼食をとるのは気持ちがいいです。

日常会話では il est 〜 de…
イ　レ　ドゥ
の代わりに、c'est 〜 de…
セ　ドゥ
を用いることがよくあります。

il resteを用いる非人称構文

Il reste ＋名詞　「〜が残っている」
イル れスト

前置詞à ＋不定詞（動詞の原形）
　　　ア

〜することが残っている、まだこれから〜しなければならない

【例】**Il reste une pomme dans la corbeille.**
　　　イル れスト ユヌ ポム ダン ラ コるベイユ

かごの中にリンゴが1つ残っています。

Il reste à terminer ce travail.
イル れスト ア テるミネ ス トらヴァイユ

まだこれからこの仕事を終わらせなければなりません。

 不定詞の意味上の主語

〈il reste à ＋不定詞（動詞の原形）〉を使った表現をもう少し見てみましょう。下の文は、上に示した例文とほぼ同じ文章ですが、不定詞の直前に人称代名詞が入っています。

【例】**Il nous reste à terminer ce travail.**
　　　イル ヌ れスト ア テるミネ ス トらヴァイユ

私たちにはこの仕事を 終わらせることが残っています。（意味上の主語はnous）

→ 私たちはまだこれからこの仕事を終わらせなければなりません。

〈Il reste à ＋人 à ＋不定詞.〉のように〈前置詞＋不定詞〉の前に〈à ＋人〉を入れることで、その不定詞の〈意味上の主語〉を示すことができます。ここでは〈人〉が目的補語人称代名詞nous なので動詞の直前に入っています (→p.106-107)。

このように、非人称構文では不定詞の前に〈à ＋人〉**フランス語では〈à qn.〉**（qn. ＝ quelqu'un「誰か」）を入れて「誰々（に）は」という不定詞の〈意味上の主語〉を入れることができます。

なお、不定詞の〈意味上の主語〉を示す際は、Il lui reste à terminer ce travail.「**彼は**まだこれからこの仕事を終わらせなければなりません」のように間接目的補語を使います (→p.107)。

188

練習問題 Exercices

1 日本語の内容に合うように（　　）内の語句を正しい順に並べましょう。

1 Il est (seul / vivre / difficile / de).

独りで生きるのは難しい。

_____

2 Il est (déjeuner / la / agréable / sur / terrasse / de).

テラスで昼食をとるのは気持ちがいい。

_____

3 Il (encore / dans / reste / vin / du / bouteille / cette)?

そのボトルの中にまだワインが残っている？

_____

4 Il (euros / encore / reste / me / dix).

私にはまだ10ユーロ残っています。

_____

5 Il (pour / faut / aller / vingt / à / minutes / gare / la).

駅に行くには20分かかります。

_____

6 Il (du / lui / faut / repos).

彼（彼女）には休息が必要です。

_____

....

《解答》

1 **1** Il est difficile de vivre seul.

　 2 Il est agréable de déjeuner sur la terrasse.

　 3 Il reste encore du vin dans cette bouteille ?

　 4 Il me reste encore dix euros

　　　＊il reste (à qn.) ＋名詞の構文です。à quelqu'un「～に（は）」のところが代名詞のため、動詞の直前に入っています。

　 5 Il faut vingt minutes pour aller à la gare.

　 6 Il lui faut du repos.

　　　＊il reste (à qn.) ＋名詞の構文です。à quelqu'un「～に」のところが代名詞のため、動詞の直前に入っています。

🎙56

比較級と最上級
コンパらティフ　　　　　スュペるラティフ
comparatif / superlatif

英語の作り方と似ています。フランス語の構文の特徴をしっかり学びましょう。

比較級の作り方

優等比較「～よりも…（多い、大きい、よい、優れているなど）である」、劣等比較「～よりも…（少ない、小さい、悪い、劣っているなど）である」（＝「～ほど…ではない」）、同等比較「～と同じくらい…である」の３つがあります。比較の対象となるものは que～ で示します。

プリュ **plus**		「～より…である」　〈優等比較〉
オスィ **aussi**	＋ **形容詞・副詞** ＋ **que**	「～と同じくらい…である」〈同等比較〉
モワン **moins**		「～ほど…でない」　〈劣等比較〉

＊que 以下の比較の対象は明示されない場合もあります。

マ　　スーる　エ　プリュ　　セリューズ　　ク　モワ
【例】**Ma sœur est plus sérieuse que moi.**

妹は私よりまじめです。

que の後ろに人称代名詞を置く場合は強勢形です（→ p.108）。

最上級の作り方

比較級に定冠詞をつけると、最上級「～のうちで最も…である」となります。対象範囲は de(ドゥ) ～で示します。

定冠詞 (le, la, les)(ル ラ レ) ＋ **plus**(プリュ) / **moins**(モワン) ＋ 形容詞 ＋ de(ドゥ) ～ 〔形容詞〕

定冠詞 (le)(ル) ＋ **plus**(プリュ) / **moins**(モワン) ＋ 副詞 ＋ de(ドゥ) ～ 〔副 詞〕

「～のうちで最も…である、～で一番…である」

＊de(ドゥ) 以下の対象範囲は明示されない場合もあります。

＊形容詞につける定冠詞は、名詞や主語に合わせます。

〔例〕**Ma sœur est la plus sérieuse de la classe.**
(マ スゥーる エ ラ プリュ セリューズ ドゥ ラ クラース)

妹はクラスで一番まじめです。

 ### 特殊な形の比較級と最上級

ほぼすべての形容詞または副詞が plus, aussi, moins(プリュ オスィ モワン) をつけることで比較級になりますが、特殊な形の比較級をとるものがあります。代表的な次の2つの形は、どちらも日常的によく使うものなのでここで覚えてしまいましょう。

品詞	もとの形	特殊な形の比較級
形容詞	bon(ne)(s)(ボン(ボンヌ)) よい、おいしい →	meilleur(e)(s)(メイユーる) よりよい、よりおいしい
副詞	bien(ビヤン) よく →	mieux(ミュー) よりよく

＊meilleur は形容詞なので、名詞や主語に合わせて性数一致します。

〔例〕**Ton café est bon.**(トン カフェ エ ボン) → **Ton café est meilleur que le mien.**(トン カフェ エ メイユーる ク ル ミヤン)

きみのコーヒーはおいしい。　きみのコーヒーは私のよりおいしい。

Ça va bien.(サ ヴァ ビヤン) → **Ça va mieux.**(サ ヴァ ミュー)

元気です。　（体調などが）前よりもいいです。

特殊な形の最上級も、前述の比較級の形と同じ単語です。使い方にも慣れていきましょう。

品詞	もとの形	特殊な形の最上級
形容詞	<ruby>bon<rt>ボン(ボンヌ)</rt></ruby>(ne)(s) よい、おいしい	→ <ruby>le meilleur<rt>ル メイユーる</rt></ruby> <ruby>la meilleure<rt>ラ メイユーる</rt></ruby> <ruby>les meilleur (e)(s)<rt>レ メイユーる</rt></ruby> 最もよい/おいしい、一番よい/おいしい
副詞	<ruby>bien<rt>ビヤン</rt></ruby> よく	→ <ruby>le mieux<rt>ル ミュー</rt></ruby> 最もよく、一番よく

＊meilleurは形容詞なので、名詞や主語に合わせて性数一致します。また、定冠詞 le, la, les も名詞や主語に合わせます。

【例】<ruby>Ton café est bon.<rt>トン カフェ エ ボン</rt></ruby> → <ruby>Ton café est le meilleur du monde.<rt>トン カフェ エ ル メイユーる デュ モンド</rt></ruby>

きみのコーヒーはおいしい。　きみのコーヒーは世界で一番おいしい。

<ruby>Elle chante bien.<rt>エル シャント ビヤン</rt></ruby> → <ruby>Elle chante le mieux de la classe.<rt>エル シャント ル ミュー ドゥ ラ クラース</rt></ruby>

彼女は上手に歌う。　　彼女はクラスで最も上手に歌う。

復習 Chapitre 2で学んだ「形容詞」の復習 (→p.66)

<ruby>grand(e)<rt>グらン(グらーンド)</rt></ruby> 大きい	<ruby>bon(ne)<rt>ボン(ボンヌ)</rt></ruby> よい、 おいしい	<ruby>jeune<rt>ジュンヌ</rt></ruby> 若い	<ruby>beau(belle)<rt>ボ(ベル)</rt></ruby> 美しい、 きれいな	<ruby>long(longue)<rt>ロン(ローング)</rt></ruby> 長い	<ruby>haut(e)<rt>オ</rt></ruby> 高い
<ruby>petit(e)<rt>プティ(プティット)</rt></ruby> 小さい	<ruby>mauvais(e)<rt>モヴェ(モヴェーズ)</rt></ruby> 悪い	<ruby>vieux(vieille)<rt>ヴィユー ヴィエイユ</rt></ruby> 老いた	<ruby>joli(e)<rt>ジョリ(ジョリ)</rt></ruby> かわいい、 きれいな	<ruby>court(courte)<rt>クーる(クーるト)</rt></ruby> 短い	<ruby>bas(se)<rt>バ(バース)</rt></ruby> 低い

＊人の年齢の比較には、jeune（若い）/ âgé（高齢の、年上の）を使います。

練習問題 Exercices

🎤 57

1 音声を聞いて（　　　）内に当てはまる単語を聞き取りましょう。

① Ce gâteau est（　　　　　　　）que cette tarte.

このケーキはあのタルトよりおいしい。

② Cette fleur est（　　　　　　　）que celle-là.

この花はあの花ほどきれいではない。

③ Avez-vous une jupe（　　　　　　）que ça ?

それよりも丈の長いスカートはありますか？

④ Il parle français（　　　　　　　）que moi.

彼は私よりフランス語をうまく話します。

⑤ Cette robe est（　　　　　　　）que celle-là.

このドレスはあちらのドレスより美しい。

2 音声を聞いて（　　　）内に当てはまる単語を聞き取りましょう。

① C'est（　　　　　　　）restaurant de ce quartier.

こちらがこの界隈で一番おいしいレストランです。

② Le Mont-Fuji est（　　　　　　　）montagne du Japon.

富士山は日本で一番高い山です。

③ C'est（　　　　　　　）maison de cette ville .

それはこの町で一番古い家です。

④ Pierre, tu es（　　　　　　　）de la famille ?

ピエール、きみが家族で一番背が高いの？

> ヒント　Pierre（ピエール）は男性の名前です。
> 人の背丈の大きさには、grand（大きい）/ petit（小さい）を使います。

··

《解答》

1 ① meilleur　② moins jolie　③ plus longue　④ mieux　⑤ plus belle

2 ① le meilleur　② la plus haute　③ la plus vieille　④ le plus grand

193

🎤 58

関係代名詞
プロノン るラティフ
pronom relatif

4つの関係代名詞 qui, que, où, dont とその使い方を覚えましょう！
　　　　　　　 キ　　ク　　ウ　 ドン

関係代名詞 qui と que
　　　　　　キ　　　ク

　関係代名詞は２つの文章を１つにつなぐことのできる便利な代名詞です。フランス語では、疑問代名詞 qui と que が関係代名詞になります。

　関係代名詞では先行詞に続く qui の後ろには動詞以降の文章が続き、que の後
　　　　　　　　　　　　キ
ろには主語以降の文章が続きます。図式にすると、関係代名詞 qui の先行詞が主
　　　　　　　　　　　　　　　　　　　　　　　　　　　　　　キ
語の代わり、que の先行詞が目的語の代わりになります。

> 先行詞（目的語）＋関係代名詞 que ＋主語以降の節（文章）
> 　　　　　　　　　　　　　　　ク
> 先行詞（主語）　 ＋関係代名詞 qui ＋動詞以降の節（文章）
> 　　　　　　　　　　　　　　　キ

作ってみよう！
Activité!

　次の２つの文を共通する frère「兄」を先行詞にして、関係代名詞で
　　　　　　　　　　　　　フれーる
つないでみましょう。frère は２つめの文章の主語となるので、関
係代名詞 は qui を使います。
　　　　　キ

【例】J'ai un frère. ＋ Mon frère habite en France.
　　 ジェ アン フれーる 　　　モン フれーる アビッ タン フらーンス

　　 私には兄がいる。　　　　　 私の兄はフランスに住んでいる。

→ J'ai un frère qui habite en France.
　 ジェ アン フれーる キ アビッ タン フらーンス

　　 私にはフランスに住んでいる兄がいます。

　次に２つの文を共通する livre「本」を先行詞に関係代名詞でつないでみましょ
　　　　　　　　　　　　　リーヴる
う。livre は２つめの文章の目的語となるので、関係代名詞は que を使います。

【例】C'est le livre. ＋ J'ai acheté ce livre hier.
　　 セ ル リーヴる 　　　ジェ アシュテ ス リーヴる イエール

　　 これは本です。　　　　　 私はこの本を昨日買いました。

→ C'est le livre que j'ai acheté hier. これは、私が昨日買った本です。
　 セ ル リーヴる ク ジェ アシュテ イエール

関係代名詞 où と dont

疑問副詞 où も関係代名詞になります。場所や時を示す先行詞の代わりになります。また、dont は先行詞に前置詞 de を含む名詞の代わりになります。

> 先行詞（場所や時の名詞）＋関係代名詞 où　＋節（文章）
> 先行詞（de ＋名詞）　　　＋関係代名詞 dont ＋節（文章）

作ってみよう！ Activité! 次の２つの文を共通する la ville「町」を先行詞にして、関係代名詞でつないでみましょう。先行詞が場所を示しているので、関係代名詞 où を使います。

【例】C'est la ville. ＋ J'ai passé mon enfance dans cette ville.

これは町です。　　　　私は子ども時代をこの町で過ごしました。

➡ C'est la ville où j'ai passé mon enfance.

これは私が子ども時代を過ごした町です。

次に jour「日」を先行詞にして、関係代名詞でつないでみましょう。時を示す場合も、関係代名詞 où を用います。

【例】Je me rappelle le jour. ＋ Ma fille est née ce jour.

私はその日を覚えています。　　娘はこの日に生まれました。

➡ Je me rappelle le jour où ma fille est née.

私は娘が生まれた日のことを覚えています。

次は２つの文を共通する livre「本」を先行詞に関係代名詞でつないでみましょう。先行詞の前に前置詞 de がついているので、関係代名詞 dont を使います。

【例】Voilà le livre. ＋ Je vous ai parlé de ce livre.

あちらに本があります。　　私はあなたにこの本について話しました。

➡ Voilà le livre dont je vous ai parlé.

あちらに、私があなたに話した本があります。

＊parler de ～「～について話す」

 前置詞＋関係代名詞

〈前置詞 de ＋関係代名詞〉は関係代名詞 dont となることが多いですが、de 以外の前置詞については、〈前置詞＋関係代名詞〉の形を用います。先行詞は〈人〉に限定され、〈物〉が先行詞になることはありません。

【例】Tu connais le garçon ? + Amélie est sortie avec ce garçon hier.

その少年を知ってる？ 　　　　アメリは昨日その少年といっしょに出かけました。

→ Tu connais le garçon avec qui Amélie est sortie hier ?

アメリが昨日いっしょに出かけた男の子を知ってる？

【例】La dame est la mère de Jean.　その女性はジャンのお母さんです。　+

J'ai demandé le chemin à cette dame hier .

昨日私はその女性に道を尋ねました。

→ La dame à qui j'ai demandé le chemin hier est la mère de Jean.

昨日私が道を尋ねた女性は、ジャンのお母さんです。

 前置詞＋関係代名詞 (lequel, laquelle, lesquels, lesquelles)

先行詞が〈物〉の場合、〈前置詞＋関係代名詞 lequel, laquelle, lesquels, lesquelles〉の形を用います。性数の区別がある疑問代名詞 (→p.104) を用いるため、この関係代名詞の使い方では先行詞に合わせて性数一致するものを使い分ける必要があります。

＊ lequel, laquelle, lesquels, lesquelles は、〈定冠詞＋疑問形容詞〉(→p.92) の形からできている疑問代名詞で、関係代名詞としても用います。
＊先行詞が〈人〉の場合でも性数の区別をしたいときに〈前置詞 + lequel〉を使うことがあります。

【例】Voilà la raison.　+　Je le déteste pour cette raison.

それが理由です。 　　　　私はこの理由のせいで彼を嫌いです。

→ Voilà la raison pour laquelle je le déteste.

それが私が彼を嫌いな理由です。

【例】**Ce sont des lettres.　+　Vous devez répondre à ces lettres.**
<ruby>Ce<rt>ス</rt></ruby> <ruby>sont<rt>ソン</rt></ruby> <ruby>des<rt>デ</rt></ruby> <ruby>lettres<rt>レットる</rt></ruby>　<ruby>Vous<rt>ヴ</rt></ruby> <ruby>devez<rt>ドゥヴェ</rt></ruby> <ruby>répondre<rt>れポーンドる</rt></ruby> <ruby>à<rt>ア</rt></ruby> <ruby>ces<rt>セ</rt></ruby> <ruby>lettres<rt>レットる</rt></ruby>

これらは手紙です。　　　　　　　あなたはこれらの手紙に返信しなければなりません。

➡ **Ce sont les lettres auxquelles vous devez répondre.**
<ruby>Ce<rt>ス</rt></ruby> <ruby>sont<rt>ソン</rt></ruby> <ruby>les<rt>レ</rt></ruby> <ruby>lettres<rt>レットる</rt></ruby> <ruby>auxquelles<rt>オケル</rt></ruby> <ruby>vous<rt>ヴ</rt></ruby> <ruby>devez<rt>ドゥヴェ</rt></ruby> <ruby>répondre<rt>れポーンドる</rt></ruby>

これらはあなたが返信しなければならない手紙です。

＊lequel は前置詞 à との組み合わせで auquel、前置詞 de との組み合わせで duquel のように
縮約します。

練習問題 Exercices

1 日本語の内容に合うように（　　）内の語句を正しい順に並べましょう。

❶ J'ai un (Paris / ami / habite / à / qui).

私にはパリに住んでいる友人がいます。

_____

❷ C'est le film (as / que / vu / tu　/ la semaine dernière) ?

これは、きみが先週見た映画なの？

_____

❸ Je voudrais visiter la (où / suis / ville / née / je).

私は自分が生まれた町を訪ねてみたい。

_____

❹ C'est le (besoin / dont / as / dictionnaire / tu).

これがきみに必要な辞書だよ。

_____

....

《解答》

1 ❶ J'ai un ami qui habite à Paris.

　❷ C'est le film que tu as vu la semaine dernière ?

　❸ Je voudrais visiter la ville où je suis née.

　❹ C'est le dictionnaire dont tu as besoin.　＊avoir besoin de 〜「〜が必要である」

🎤59

強調構文
<ruby>mise<rt>ミー</rt></ruby> <ruby>en<rt>ザン</rt></ruby> <ruby>relatif<rt>るラティフ</rt></ruby>
mise en relatif

文の特定の語句を強調するために c'est 〜 qui /que ... を用いる構文です。

強調構文の作り方

c'est 〜「それは〜です」の表現にはもう慣れましたか？

Chapitre 1 で〈提示の表現〉として紹介したこの構文は〈提示（構）文〉とも呼ばれます。この構文の「〜」に特定の語句を入れて強調し、その後ろに qui ... または que ... と続けて、その語句について具体的な内容を説明するのが〈強調構文〉です。

〈強調構文〉は単に物事を提示するだけではなく、強調したいことに焦点を当てるのが目的です。日本語に訳すと「…であるところのもの（人・こと）、それは〜です」となります。関係代名詞と同じように、qui の後ろには動詞以降の文章が続き、que の後ろには主語以降の文章が続きます。

図式化すると、❶ 主語を強調する場合は qui ... 、❷目的語を強調する場合は que ... 、また同様に、❸状況補語を強調する場合は que ... のようになります。

> ❶ C'est ＋強調する語（主語）　　＋ qui ＋動詞以降の節（文章）
> ❷ C'est ＋強調する語（目的語）　＋ que ＋主語以降の節（文章）.
> ❸ C'est ＋強調する語（状況補語）＋ que ＋主語以降の節（文章）.

強調構文を作ってみましょう。

【例】 <ruby>Mon<rt>モン</rt></ruby> <ruby>frère<rt>フれーる</rt></ruby> <ruby>habite<rt>アビット</rt></ruby> <ruby>en<rt>アン</rt></ruby> <ruby>France.<rt>フらーンス</rt></ruby>　私の兄はフランスに住んでいます。

❶ 主語を強調 → <ruby>C'est<rt>セ</rt></ruby> <ruby>mon<rt>モン</rt></ruby> <ruby>frère<rt>フれーる</rt></ruby> <ruby>qui<rt>キ</rt></ruby> <ruby>habite<rt>アビッ</rt></ruby> <ruby>en<rt>タン</rt></ruby> <ruby>France.<rt>フらーンス</rt></ruby>

　　　　　　フランスに住んでいるのは私の兄です。

【例】 <ruby>J'ai<rt>ジェ</rt></ruby> <ruby>acheté<rt>アシュテ</rt></ruby> <ruby>un<rt>アン</rt></ruby> <ruby>livre<rt>リーヴる</rt></ruby> <ruby>hier.<rt>イエーる</rt></ruby>　私は昨日本を買いました。

❷ 目的語を強調 → <ruby>C'est<rt>セ</rt></ruby> <ruby>le<rt>ル</rt></ruby> <ruby>livre<rt>リーヴる</rt></ruby> <ruby>que<rt>ク</rt></ruby> <ruby>j'ai<rt>ジェ</rt></ruby> <ruby>acheté<rt>アシュテ</rt></ruby> <ruby>hier.<rt>イエーる</rt></ruby>

　　　　　　私が昨日買ったのは、その本です。

【例】 <ruby>J'ai<rt>ジェ</rt></ruby> <ruby>acheté<rt>アシュテ</rt></ruby> <ruby>un<rt>アン</rt></ruby> <ruby>livre<rt>リーヴる</rt></ruby> <ruby>hier.<rt>イエーる</rt></ruby>　私は昨日本を買いました。

❸ 補語を強調 → <ruby>C'est<rt>セ</rt></ruby> <ruby>hier<rt>イエーる</rt></ruby> <ruby>que<rt>ク</rt></ruby> <ruby>j'ai<rt>ジェ</rt></ruby> <ruby>acheté<rt>アシュテ</rt></ruby> <ruby>un<rt>アン</rt></ruby> <ruby>livre<rt>リーヴる</rt></ruby> .

　　　　　　私が本を買ったのは昨日です。

練習問題 Exercices

1 日本語の内容に合うように（　　）内の語句を正しい順に並べましょう。

❶ C'est (Paris / ami / habite / à / qui / mon) .
パリに住んでいるのは私の友達です。

❷ C'est (as / que / vu / tu / hier / ici / ton cousin) ?
きみが昨日いとこを見かけたのはここなの？

❸ C'est (qu' / à / son examen / a / il / vrai / réussi) ?
彼が試験に合格したって本当？

❹ C'est (toi / il / parle / qu' / à) .
彼が話しかけているのはきみだよ。

＊<ruby>Il<rt>イ</rt></ruby> <ruby>te<rt>トゥ</rt></ruby> <ruby>parle<rt>パるル</rt></ruby> 「彼がきみに話しかけている」という文章を考えてみましょう。強調する te 「きみに」が間接目的
　補語なので、〈前置詞 à ＋ 2人称単数の強勢形 toi〉を強調する構文となります。

《解答》

1 ❶ C'est mon ami qui habite à Paris.　　❷ C'est ici que tu as vu ton cousin hier ?

　❸ C'est vrai qu'il a réussi à son examen ?　　❹ C'est à toi qu'il parle.

国名・国籍・言語

国名、国籍、言語を表す単語です。よく使う表現もあわせて覚えましょう。

	国名	～人、～の	～語
ドイツ	(l')Allemagne _{アルマーニュ}	allemand(e) _{アルマン(アルマーンド)}	(l')allemand _{アルマン}
イギリス	(l')Angleterre _{アングルテーる}	anglais(e) _{アングレ(アングレーズ)}	(l')anglais _{アングレ}
ベルギー	(la) Belgique _{ベルジック}	belge _{ベルジュ}	(le) français, etc. _{フランセ}
カナダ	(le) Canada _{カナダ}	canadien(ne) _{カナディヤン(カナディエンヌ)}	(le) français, (l')anglais _{フランセ　アングレ}
中国	(la) Chine _{シーヌ}	chinois(e) _{シノワ(シノワーズ)}	(le) chinois _{シノワ}
韓国	(la) Corée _{これ}	coréen(ne) _{これアン(これエンヌ)}	(le) coréen _{これアン}
スペイン	(l')Espagne _{エスパーニュ}	espagnol(e) _{エスパニョール}	(l')espagnol _{エスパニョール}
アメリカ合衆国	(les) États-Unis _{エタズュニ}	américain(e) _{アメリカン(アメリケーヌ)}	(l')anglais _{アングレ}
フランス	(la) France _{フらーンス}	français(e) _{フらンセ(フらンセーズ)}	(le) français _{フらンセ}
イタリア	(l')Italie _{イタリ}	italien(ne) _{イタリヤン(イタリエンヌ)}	(l')italien _{イタリヤン}
日本	(le) Japon _{ジャポン}	japonais(e) _{ジャポネ(ジャポネーズ)}	(le) japonais _{ジャポネ}
オランダ	(les) Pays-Bas _{ペイバ}	hollandais(e) _{オランダ(オランダーズ)} néerlandais(e) _{ネエるランデ(ネエるランデーズ)}	(le) néerlandais _{ネエるランデ}
ポルトガル	(le) Portugal _{ぽるテュガル}	portugais(e) _{ぽるテュゲ(ぽるテュゲーズ)}	(le) portugais _{ぽるテュゲ}
ロシア	(la) Russie _{リュスィー}	russe _{リュス}	(le) russe _{リュス}
スイス	(la) Suisse _{スュイス}	suisse _{スュイス}	(le) français, etc. _{フらンセ}

＊国名は大文字で書きはじめます。定冠詞をつけて用います。

＊「～人」というときは形容詞として用い、すべて小文字で書きます。名詞として用いるときは大文字で書きはじめます。

＊「～語」というときもすべて小文字で書きます。学問や学科としては定冠詞le(l')をつけて用います。

初級文法の
補足

🎙 60

直説法（直説法大過去・直説法前未来）

プリュ　ク　　パルフェ　　　フュテューる　　アンテリューる
plus-que-parfait / futur antérieur

直説法のその他の時制も確認しておきましょう。複合形の時制の作り方です。

直説法

「直説法」は事実や現実にもとづいて述べられる叙述の方法（「叙法」あるいは「法」）で、これまで私たちは直説法の時制を中心に学んできました（第4章までに、直説法「現在」、「複合過去」、「半過去」、「単純未来」の4つの時制を学んでいます）。

直説法にはもう1つ「単純過去」という活用形があります。さらにそれぞれの活用形に〈複合形の時制〉があります。「助動詞＋過去分詞」の組み合わせで「現在形」→「複合過去」という別の時制を作ったように、「半過去」→「大過去」、「単純未来」→「前未来」、「単純過去」→「前過去」、とあと3つの複合時制ができるので、直説法には8つの時制があることになります。

ここでは、2つの時制「大過去」と「前未来」を学びます。

直説法の8つの時制のうちの2つ単純過去と前過去は、歴史的記述や物語などの書き言葉でしか用いず、話し言葉では用いない時制なので、本書では扱いません。

直説法大過去・直説法前未来の作り方

〈複合形の時制〉あるいは〈複合時制〉とは、第3章で勉強した「複合過去」の作り方（→p.162-163）と同じように、〈助動詞と過去分詞を複合させて作る過去形あるいは過去時制〉のことです。

助動詞に「半過去」を使えば「大過去」、「単純未来」を使えば「前未来」ができます。助動詞のavoirとêtreを使い分けること、またêtreの場合は過去分詞を主語に性数一致させる必要があることを忘れずに！

❶ 直説法大過去

> **主語＋助動詞（avoir または être の半過去形の活用）＋動詞の過去分詞**
>
> （過去のある時点よりも前に）すでに〜してしまっていた

❷ 直説法前未来

> **主語＋助動詞（avoir または être の単純未来形の活用）＋動詞の過去分詞**
>
> （未来のある時点よりも前に）〜してしまっているだろう

直説法大過去の用法

❶ 過去における完了

過去のある時点ですでに完了した行為や状態を示す用法で、英語の過去完了に相当します。

Quand nous sommes arrivés à la gare, le train était déjà parti.

――――複合過去――――　　　　　　　　　　大過去

私たちが駅に到着したとき、電車はすでに出発していました。

複合過去：過去のある時点「駅に到着した」

|過去|――――――●――――――――●――――|現在|―|未来|

大過去：過去のある時点より前にすでに完了「電車が出発していた」

❷ 過去に先立つ習慣や反復

半過去で表される習慣や反復に先立って行われた習慣や反復行為を表します。

❸ 過去における過去

間接話法での〈過去における過去〉の用法です (→p.211)。

【例】 イラ ディ ク サ スール アヴェ エテ マラード セット スメーヌ
Il a dit que sa sœur avait été malade cette semaine.

　　　彼は、妹が今週病気だったと言いました。

直説法前未来の用法

未来のある時点までに完了している行為や状態を示す用法で、英語の未来完了に相当します。

カン ヌ ザリヴロン ア ラ ガール ル トラン スら パるティ
Quand nous arriverons à la gare, le train sera parti.
┗━━━━━━単純未来━━━━━━┛　┗━━━前未来━━━┛

私たちが駅に到着するときには、電車は出発してしまっているだろう。

単純未来：未来のある時点
　　　　「駅に到着するだろう」

過去 ── 現在 ──────●──────●────────── 未来

前未来：未来のある時点より前にすでに完了
　　　「電車は出発してしまっているだろう」

🎤61

条件法(条件法現在)
コンティスィヨネル　　　プれザン
conditionnel présent

「もし〜だとすれば…だろうに」と現実とは異なる仮定をしてみましょう。

条件法

これまで学んできた動詞はすべて、事実や現実にもとづいて述べられる「直説法」という叙述の方法（叙法あるいは法）でしたが、「条件法」は非現実的な仮定のもとで想像されるできごとを述べる法です。

条件法の作り方

語幹は単純未来と同じです (→p.174-175)。habiter という動詞の場合、次のようになります。

【動詞の原形】habiter → 語末の -r をとって**条件法現在の語尾をつける**

【条件法現在形の語尾】je -rais, tu -rais, il(elle) -rait, nous-rions, vous -riez, ils(elles) -raient

アビテ habiter 住む	
ジャビトゥれ **j'habiterais**	ヌ　　　ザビトゥリヨン **nous habiterions**
テュ　アビトゥれ **tu habiterais**	ヴ　　　ザビトゥリエ **vous habiteriez**
イ　　ラビトゥれ **il habiterait**	イル　　ザビトゥれ **ils habiteraient**
エ　　ラビトゥれ **elle habiterait**	エル　　ザビトゥれ **elles habiteraient**

時制は「現在」と「過去」があります。
条件法過去の作り方は、
〈助動詞 avoir または être の条件法現在＋過去分詞〉
です。

「条件法」の用法

とくに重要な使い方は次の3つです。

❶ 反事実用法（事実に反する仮定にもとづいて、その結果を推測する用法）

❷ 語気緩和（ていねいな表現）

❸ 過去における未来（間接話法での〈過去における未来〉の用法）（→p.212）

ほかにも、反語表現（〜だろうか、いや〜でない）や成句表現でも用いられますが、いずれも〈仮定の世界〉がその発話表現の根底にあるといえます。

 反事実用法

〈条件法現在〉（現在の事実に反する仮定）

si「もし」を用いて、「もし〜だとしたら、〜だろうに」という現在の事実に反する仮定を表すことができます。

> Si (S') ＋ 主語 ＋ 直説法半過去, 主語 ＋ 条件法現在形
> もし〜だとしたなら、…だろうに

スィ ジェテ リッシュ ジャビトゥれ ダン ズュヌ グらンド メゾン
Si j'étais riche, j'habiterais dans une grande maison.

もしお金持ちだとしたら、大きな家に住むんだけど。

〈条件法過去〉（過去の事実に反する仮定）

「もし〜だったとしたら、…だったろうに」という過去の事実に反する仮定を表すには、それぞれの動詞の時制を1つずつ下げます。

> Si (S') ＋ 主語 ＋ 直説法大過去形, 主語 ＋ 条件法過去形
> もし〜だったとしたら、…だっただろうに

スィ ジャヴェ エテ リッシュ ジョれ アビテ ダン ズュヌ グらンド メゾン
Si j'avais été riche, j'aurais habité dans une grande maison.

もしお金持ち だったなら、大きな家に住んでいたんだけど。

復習 〈直説法単純未来〉（現実にもとづく仮定）

> スィ
> **Si (S')** ＋ **主語**＋**直説法現在形**，**主語**＋**動詞の単純未来形**
> もし～なら、…だろう

スィ ジュ スィ リッシュ　　ジャビトゥれ　ダン　ユヌ　　グラン　　メゾン
Si je suis riche, j'habiterai dans une grande maison.

もしお金持ちなら、大きな家に住むでしょう。

 語気緩和（ていねいな表現）

　フランス語を学習し始めたらすぐに勉強する〈je voudrais ＋動詞の原形〉「～
したいのですが」という表現は、条件法現在の語気緩和（ていねいな表現）の用法
です。

ジュ　　ヴドれ　　　れぜるヴェ　ユヌ　　シャーンブる　　プーる　ス　ソワーる
【例】**Je voudrais réserver une chambre pour ce soir.**

今晩の部屋を予約したいのですが。

ジュ　プれ　　ヴ　ポゼ　ユヌ　ケスティヨン
Je pourrais vous poser une question ?

1つ質問してもいいでしょうか？

> 条件法が〈事実に反する仮定〉→現実に起こり得ない仮定
> を述べているのに対して、
> 直説法は〈事実にもとづく仮定〉→現実に起こり得る仮定
> を述べていることに注意しましょう！

Leçon 3

接続法（接続法現在）
subjonctif présent
（スュブジョンクティフ　プれザン）

断定できない事実について、頭の中の願望・祈願・義務などを述べる法です。

接続法

「直説法」は事実をもとにして、「条件法」は事実に反することとして、それぞれ叙述する方法（叙法あるいは法）でしたが、「接続法」は事実か反事実か以前に、頭の中でだけ考えたこととして述べる叙法です。

話し言葉での時制は「現在」と「過去」のみですが、ほかに「半過去」と「大過去」、合計4つの時制があります。

なお現在では、「接続法半過去」は「接続法現在」、「接続法大過去」は「接続法過去」で代用され、書き言葉のための時制でしかないため、本書では扱いません。

接続法の作り方

語幹は直説法現在形3人称複数の語幹と同じです。habiter（アビテ）という動詞の場合、次のようになります。

【動詞の原形】**habiter** → 直説法現在3人称複数形 habit**ent** 末の **-ent** をとって **接続法現在の語尾をつける。**

【条件法現在形の語尾】je **-e**, tu **-es**, il(elle) **-e**, nous **-ions**, vous **-iez**, ils (elles) **-ent**

habiter（アビテ）　住む	
j'habite（ジャビトゥ）	nous habitions（ヌ　ザビティヨン）
tu habites（テュ　アビトゥ）	vous habitiez（ヴ　ザビティエ）
il habite（イ　ラビトゥ）	ils habitent（イル　ザビトゥ）
elle habite（エ　ラビトゥ）	elles habitent（エル　ザビトゥ）

＊ avoir と être（アヴォワーる　エートる）は語幹・語尾ともに不規則。巻末の動詞活用表を参照（→ p.214-221）。
＊ aller, venir, faire, vouloir, pouvoir, savoir（アレーる　ヴニーる　フェーる　ヴロワーる　プヴォワーる　サヴォワーる）は語幹が不規則。動詞活用表を参照（→ p.214-221）。

208

接続法現在の用法

主節に話し手の主観的な判断、願望、命令、義務、感情を示す動詞があるとき、主節が否定文や疑問文のとき、従属節の動詞を接続法にします。

【例】 ジュ ヴ ク テュ アビトゥ ア パリ
Je veux que tu habites à Paris.

きみにパリに住んでほしいな。

イル フォ ク ジュ パルトゥ ドゥマン
Il faut que je parte demain.

私は明日出発しなければならない。

 接続法をとる場合の主節の動詞や節の見きわめと時制

（1）主節に話し手の主観が反映されているかどうかは、わかりやすい目安となる動詞や表現があります。一部ですが、以下のものを参考に徐々に慣れていきましょう。

イル フォ ク **Il faut que ～**　　～しなければならない
ジュ ヴー クラン ドゥート ク **Je veux (crains, doute) que ～**　　私は～であることを望む（恐れる、疑う）
ジュ スィ ウルー ズ コンタン(ト) トリスト ク **Je suis heureux(se) (content(e), triste) que ～** 私は～であることがうれしい（満足だ、悲しい）
イ レ ネセセール オブリガトワール ポスィーブル ク **Il est nécessaire (obligatoire, possible) que ～** ～であることが必要だ（義務だ、ありうる）
イル ヴォー ミュー ス ブー ク **Il vaut mieux (se peut) que ～**　　～した（する）ほうがよい（～かもしれない）
セ ドマージュ ク **C'est dommage que ～**　　～であることは残念だ

アヴァン ク **avant que ～**　　～する前に	クォワ ク **quoi que ～**　　～ではあるが
ビヤン ク **bien que ～**　　～にもかかわらず	プール ク **pour que ～**　　～するように

（2）主節の時制は現在または未来で、従属節の行為が現在なら接続法現在、過去なら接続法過去を用います。

接続法現在

> 主語＋願望・義務などの動詞＋que（ク）＋主語＋接続法現在形
> ～が…であることを、～が思う・望む（など）

ジュ　ヌ　クロワ　パ　キル　ソワ　マラード
Je ne crois pas qu'il soit malade.

私は彼が病気だと思わない。

接続法過去

現在を過去の時制に変えるには、次のように複合形の過去形を作ります。

> 主語＋願望・義務などの動詞＋que（ク）＋主語＋接続法過去形
> ～が…であったことを、～が思う・望む（など）

ジュ　ヌ　クロワ　パ　キル　ソワ　デジャ　パルティ
Je ne crois pas qu'ils soient déjà partis.

私は彼らがすでに出発したとは思わない。

> 主節と従属節、それぞれが
> どの時制のことを述べている
> のかを意識してみてください。

🎤 63

話法 (直接話法・間接話法)

ディスクール　　　ディレクト　　　　　ディスクール　　　アンディレクト

discours direct / discours indirect

直接話法と間接話法について、簡単に概観しておきましょう。

話 法

　話し手の言葉を引用符 (フランス語では « »、日本語訳では「　」) で囲んで示す話法が「直接話法」、接続詞 (おもに que) を用いてその内容を聞き手に伝える話法が「間接話法」です。

直接話法を間接話法に

　直接話法の文章を間接話法の文章にしてみましょう。もっともシンプルに肯定文を間接話法にするとき、次の 4 つのステップで考えていきます。

① 接続詞	：肯定文をつなぐ場合は que を用いて文をつなぎます
② 人称代名詞	：主語、目的語などの人称を変えます (人称変化)
③ 動詞	：動詞の時制を合わせます (時制照応＝時制の一致)
④ 副詞	：時間や場所を示す副詞を適切なものに変えます

〈過去における過去〉

直接話法

彼女は私に言いました「昨日ヴェルサイユ宮殿に行ったんだ」。

エル　マ　ディ　　ジェ　ヴィジテル　シャトー　ドゥ　ヴェるサイユ　イエーる

Elle m'a dit : « J'ai visité le château de Versailles hier. »

間接話法　　① que　　② 人称変化　　③ 複合過去を大過去に　　④ 副詞
　　　　　　　　　　　　　　　　〈過去における過去〉(→p.204)

エル　マ　ディ　ケ　　ラヴェ　ヴィズィテル　シャトー　ドゥ　ヴェるサイユ　ラ　ヴェイユ

Elle m'a dit qu'elle avait visité le château de Versailles la veille.

彼女は私に、前日にヴェルサイユ宮殿に行ったと言った。

〈過去における未来〉

直接話法

彼女は私に言いました「明日ヴェルサイユ宮殿に行くの」。

エル　マ　ディ　　　ジュ　ヴィズィtrれ　ル　シャトー　ドゥ　ヴェるサイユ　ドゥマン
Elle m'a dit : « Je visiterai le château de Versailles demain.»

① que　② 人称変化　③ 単純未来を条件法過去に　　　　④ 副詞
間接話法　　　　　　　　　　　〈過去における未来〉（→p.206）

エル　マ　ディ　ケル　　ヴィズィトれ　ル　シャトー　ド　ヴェるサイユ　ル　ランドマン
Elle m'a dit qu'elle visiterait le château de Versailles le lendemain.

彼女は私に、翌日にヴェルサイユ宮殿に行くつもりだと言った。

肯定文以外の間接話法の作り方

肯定文以外の直接話法の文章を、間接話法の文章にしてみましょう。

❶ 接続詞

【肯定文】接続詞queを用いて文をつなぎます

【否定文】接続詞queを用いて文をつなぎます

【命令文】接続詞de＋動詞の原形（不定法）

【疑問文】疑問詞がない場合は接続詞si、疑問詞がある場合はその疑問詞、
qu'est-ce queはce que、qu'est-ce quiはce qui

❷ 動　詞：時制照応（主節が過去時制のときに間接話法のなかで）

直説法現在　　　　　→　直説法半過去

直説法複合過去　　→　直説法大過去

直説法単純未来　　→　条件法現在

命令法　　　　　　　→　不定法（あるいは接続法現在）

❹ 副　詞

オジュるデュイ **aujourd'hui**	今日	→	ス　ジューる　ラ **ce jour-là**	その日
ドゥマン **demain**	明日	→	ル　　　ランドマン **le lendemain**	翌日
イエーる **hier**	昨日	→	ラ　ヴェイユ **la veille**	前日

〈命令文の場合〉

> de ＋ **不定法**
> ドゥ

直接話法

彼女は言いました「ヴェルサイユ宮殿に行って！」。

Elle m'a dit : « **visite** le château de Versailles ！»

間接話法   ① de   ② 不定法

Elle m'a dit de **visiter** le château de Versailles.

彼女は私に、ヴェルサイユ宮殿に行くようにと言った。

〈疑問文の場合〉

> ① ce que   ② **人称**   ③ **現在を半過去に**   ④ **副詞**
> スク

直接話法

彼女は私に尋ねました「明日は何をするつもり？」。

Elle m'a demandé : « Qu'est-ce que **tu vas faire demain ？**»

間接話法   ① ce que   ② 人称   ③ 現在を半過去に   ④ 副詞

Elle m'a demandé ce que **j'allais faire le lendemain** .

彼女は私に、明日は何をするつもりかと尋ねた。

> 肯定文以外の文も、
> 直接話法から間接話法に
> してみましょう！

動詞活用表

不定法 不定詞	直説法		
	現在	半過去	単純未来
(1) **avoir** （～を持つ） ［現在分詞］ ayant ［過去分詞］ eu[y]	j'ai tu as il a nous avons vous avez ils ont	j'avais tu avais il avait nous avions vous aviez ils avaient	j'aurai tu auras il aura nous aurons vous aurez ils auront
(2) **être** （～である） ［現在分詞］ étant ［過去分詞］ été	je suis tu es il est nous sommes vous êtes ils sont	j'étais tu étais il était nous étions vous étiez ils étaient	je serai tu seras il sera nous serons vous serez ils seront
(3) **parler** （話す） ［現在分詞］ parlant ［過去分詞］ parlé	je parle tu parles il parle nous parlons vous parlez ils parlent	je parlais tu parlais il parlait nous parlions vous parliez ils parlaient	je parlerai tu parleras il parlera nous parlerons vous parlerez ils parleront
(4) **se lever** （起きる） ［代名動詞］	je me lève tu te lèves il se lève nous nous levons vous vous levez ils se lèvent	je me levais tu te levais il se levait nous nous levions vous vous leviez ils se levaient	je me lèverai tu te lèveras il se lèvera nous nous lèverons vous vous lèverez ils se lèveront
(5) **finir** （終わる、終える） ［現在分詞］ finissant ［過去分詞］ fini	je finis tu finis il finit nous finissons vous finissez ils finissent	je finissais tu finissais il finissait nous finissions vous finissiez ils finissaient	je finirai tu finiras il finira nous finirons vous finirez ils finiront

本書では初級文法の内容に合わせて、一般的な辞書や教科書の半分程度の量の縮小版を付録「動詞活用表」として掲載します。初級の動詞の時制や活用に慣れてきたら、手持ちの辞書や教科書の付録などを参考にしながら中級に向けて徐々にステップアップしていきましょう。

条件法 現在	接続法 現在	命令法	同型
j'aurais	j'aie		
tu aurais	tu aies	aie	
il aurait	il ait		
nous aurions	nous ayons	ayons	
vous auriez	vous ayez	ayez	
ils auraient	ils aient		
je serais	je sois		
tu serais	tu sois	sois	
il serait	il soit		
nous serions	nous soyons	soyons	
vous seriez	vous soyez	soyez	
ils seraient	ils soient		
je parlerais	je parle		étudier, aimer, chanter, habiter など
tu parlerais	tu parles	parle	
il parlerait	il parle		
nous parlerions	nous parlions	parlons	
vous parleriez	vous parliez	parlez	
ils parleraient	ils parlent		
je me lèverais	je me lève		第1群規則動詞のうち語幹の一部が不規則に変化するもの se promener〔代名動詞〕など
tu te lèverais	tu te lèves	lève-toi	
il se lèverait	il se lève		
nous nous lèverions	nous nous levions	levons-nous	
vous vous lèveriez	vous vous leviez	levez-vous	
ils se lèveraient	ils se lèvent		
je finirais	je finisse		第2群規則動詞 choisir, réussir など
tu finirais	tu finisses	finis	
il finirait	il finisse		
nous finirions	nous finissions	finissons	
vous finiriez	vous finissiez	finissez	
ils finiraient	ils finissent		

不定法 不定詞	直説法		
	現在	半過去	単純未来
(6) **aller** （行く） ［現在分詞］ allant ［過去分詞］ allé	je vais tu vas il va nous allons vous allez ils vont	j'allais tu allais il allait nous allions vous alliez ils allaient	j'irai tu iras il ira nous irons vous irez ils iront
(7) **partir** （出発する） ［現在分詞］ partant ［過去分詞］ parti	je pars tu pars il part nous partons vous partez ils partent	je partais tu partais il partait nous partions vous partiez ils partaient	je partirai tu partiras il partira nous partirons vous partirez ils partiront
(8) **venir** （来る） ［現在分詞］ venant ［過去分詞］ venu	je viens tu viens il vient nous venons vous venez ils viennent	je venais tu venais il venait nous venions vous veniez ils venaient	je viendrai tu viendras il viendra nous viendrons vous viendrez ils viendront
(9) **rendre** （返す） ［現在分詞］ rendant ［過去分詞］ rendu	je rends tu rends il rend nous rendons vous rendez ils rendent	je rendais tu rendais il rendait nous rendions vous rendiez ils rendaient	je rendrai tu rendras il rendra nous rendrons vous rendrez ils rendront
(10) **mettre** （置く） ［現在分詞］ mettant ［過去分詞］ mis	je mets tu mets il met nous mettons vous mettez ils mettent	je mettais tu mettais il mettait nous mettions vous mettiez ils mettaient	je mettrai tu mettras il mettra nous mettrons vous mettrez ils mettront

条件法 現在	接続法 現在	命令法	同型
j'irais	j'aille		
tu irais	tu ailles	va	
il irait	il aille		
nous irions	nous allions	allons	
vous iriez	vous alliez	allez	
ils iraient	ils aillent		
je partirais	je parte		
tu partirais	tu partes	pars	sortir, servir, dormir, sentir など
il partirait	il parte		
nous partirions	nous partions	partons	
vous partiriez	vous partiez	partez	
ils partiraient	ils partent		
je viendrais	je vienne		
tu viendrais	tu viennes	viens	devenir, (se) souvenir; tenir など
il viendrait	il vienne		
nous viendrions	nous venions	venons	
vous viendriez	vous veniez	venez	
ils viendraient	ils viennent		
je rendrais	je rende		
tu rendrais	tu rendes	rends	attendre, descendre, entendre, répondre, vendre など
il rendrait	il rende		
nous rendrions	nous rendions	rendons	
vous rendriez	vous rendiez	rendez	
ils rendraient	ils rendent		
je mettrais	je mette		
tu mettrais	tu mettes	mets	permettre, remettre など
il mettrait	il mette		
nous mettrions	nous mettions	mettons	
vous mettriez	vous mettiez	mettez	
ils mettraient	ils mettent		

不定法 不定詞	直説法		
	現在	半過去	単純未来
(11) écrire （書く） [現在分詞] écrivant [過去分詞] écrit	j'écris tu écris il écrit nous écrivons vous écrivez ils écrivent	j'écrivais tu écrivais il écrivait nous écrivions vous écriviez ils écrivaient	j'écrirai tu écriras il écrira nous écrirons vous écrirez ils écriront
(12) connaître （知っている） [現在分詞] connaissant [過去分詞] connu	je connais tu connais il connaît nous connaissons vous connaissez ils connaissent	je connaissais tu connaissais il connaissait nous connaissions vous connaissiez ils connaissaient	je connaîtrai tu connaîtras il connaîtra nous connaîtrons vous connaîtrez ils connaîtront
(13) lire （読む） [現在分詞] lisant [過去分詞] lu	je lis tu lis il lit nous lisons vous lisez ils lisent	je lisais tu lisais il lisait nous lisions vous lisiez ils lisaient	je lirai tu liras il lira nous lirons vous lirez ils liront
(14) dire （言う） [現在分詞] disant [過去分詞] dit	je dis tu dis il dit nous disons vous dites ils disent	je disais tu disais il disait nous disions vous disiez ils disaient	je dirai tu diras il dira nous dirons vous direz ils diront
(15) faire （〜する） [現在分詞] faisant [過去分詞] fait	je fais tu fais il fait nous faisons vous faites ils font	je faisais tu faisais il faisait nous faisions vous faisiez ils faisaient	je ferai tu feras il fera nous ferons vous ferez ils feront

条件法 現在	接続法 現在	命令法	同型
j'écrirais	j'écrive		
tu écrirais	tu écrives	écris	
il écrirait	il écrive		décrire, inscrire
nous écririons	nous écrivions	écrivons	など
vous écririez	vous écriviez	écrivez	
ils écriraient	ils écrivent		
je connaîtrais	je connaisse		
tu connaîtrais	tu connaisses	connais	
il connaîtrait	il connaisse		paraître, apparaître
nous connaîtrions	nous connaissions	connaissons	など
vous connaîtriez	vous connaissiez	connaissez	(t の前で、i → î)
ils connaîtraient	ils connaissent		
je lirais	je lise		
tu lirais	tu lises	lis	
il lirait	il lise		
nous lirions	nous lisions	lisons	
vous liriez	vous lisiez	lisez	
ils liraient	ils lisent		
je dirais	je dise		
tu dirais	tu dises	dis	
il dirait	il dise		
nous dirions	nous disions	disons	
vous diriez	vous disiez	dites	
ils diraient	ils disent		
je ferais	je fasse		
tu ferais	tu fasses	fais	
il ferait	il fasse		
nous ferions	nous fassions	faisons	
vous feriez	vous fassiez	faites	
ils feraient	ils fassent		

不定法 不定詞	直説法		
	現在	半過去	単純未来
(16) prendre （取る） ［現在分詞］ prenant ［過去分詞］ pris	je prends tu prends il prend nous prenons vous prenez ils prennent	je prenais tu prenais il prenait nous prenions vous preniez ils prenaient	je prendrai tu prendras il prendra nous prendrons vous prendrez ils prendront
(17) boire （飲む） ［現在分詞］ buvant ［過去分詞］ bu	je bois tu bois il boit nous buvons vous buvez ils boivent	je buvais tu buvais il buvait nous buvions vous buviez ils buvaient	je boirai tu boiras il boira nous boirons vous boirez ils boiront
(18) voir （見る、会う） ［現在分詞］ voyant ［過去分詞］ vu	je vois tu vois il voit nous voyons vous voyez ils voient	je voyais tu voyais il voyait nous voyions vous voyiez ils voyaient	je verrai tu verras il verra nous verrons vous verrez ils verront
(19) devoir （～しなければならない） ［現在分詞］ devant ［過去分詞］ dû, due, dus, dues	je dois tu dois il doit nous devons vous devez ils doivent	je devais tu devais il devait nous devions vous deviez ils devaient	je devrai tu devras il devra nous devrons vous devrez ils devront
(20) pouvoir （～できる） ［現在分詞］ pouvant ［過去分詞］ pu	je peux (puis) tu peux il peut nous pouvons vous pouvez ils peuvent	je pouvais tu pouvais il pouvait nous pouvions vous pouviez ils pouvaient	je pourrai tu pourras il pourra nous pourrons vous pourrez ils pourront

条件法 現在	接続法 現在	命令法	同型
je prendrais	je prenne		
tu prendrais	tu prennes	prends	
il prendrait	il prenne		apprendre,
nous prendrions	nous prenions	prenons	comprendre
vous prendriez	vous preniez	prenez	など
ils prendraient	ils prennent		
je boirais	je boive		
tu boirais	tu boives	bois	
il boirait	il boive		
nous boirions	nous buvions	buvons	
vous boiriez	vous buviez	buvez	
ils boiraient	ils boivent		
je verrais	je voie		
tu verrais	tu voies	vois	
il verrait	il voie		
nous verrions	nous voyions	voyons	
vous verriez	vous voyiez	voyez	
ils verraient	ils voient		
je devrais	je doive		
tu devrais	tu doives	dois	
il devrait	il doive		過去分詞は du＝de＋
nous devrions	nous devions	devons	le と区別するために男
vous devriez	vous deviez	devez	性単数のみ dû と綴る
ils devraient	ils doivent		
je pourrais	je puisse		
tu pourrais	tu puisses		
il pourrait	il puisse		
nous pourrions	nous puissions		
vous pourriez	vous puissiez		
ils pourraient	ils puissent		

不定法 不定詞	直説法		
	現在	半過去	単純未来
(21) **vouloir** （〜したい） [現在分詞] voulant [過去分詞] voulu	je veux tu veux il veut nous voulons vous voulez ils veulent	je voulais tu voulais il voulait nous voulions vous vouliez ils voulaient	je voudrai tu voudras il voudra nous voudrons vous voudrez ils voudront
(22) **savoir** （知っている） [現在分詞] sachant [過去分詞] su	je sais tu sais il sait nous savons vous savez ils savent	je savais tu savais il savait nous savions vous saviez ils savaient	je saurai tu sauras il saura nous saurons vous saurez ils sauront
(23) **valoir** （価値がある） [現在分詞] valant [過去分詞] valu	je vaux tu vaux il vaut nous valons vous valez ils valent	je valais tu valais il valait nous valions vous valiez ils valaient	je vaudrai tu vaudras il vaudra nous vaudrons vous vaudrez ils vaudront
(24) **falloir** （〜する必要がある） [現在分詞] - [過去分詞] fallu	il faut	il fallait	il faudra
(25) **pleuvoir** （雨が降る） [現在分詞] pleuvant [過去分詞] plu	il pleut	il pleuvait	il pleuvra

条件法 現在	接続法 現在	命令法	同型
je voudrais	je veuille		
tu voudrais	tu veuilles	veuille	
il voudrait	il veuille		
nous voudrions	nous voulions	veuillons	
vous voudriez	vous vouliez	veuillez	
ils voudraient	ils veuillent		
je saurais	je sache		
tu saurais	tu saches	sache	
il saurait	il sache		
nous saurions	nous sachions	sachons	
vous sauriez	vous sachiez	sachez	
ils sauraient	ils sachent		
je vaudrais	je vaille		
tu vaudrais	tu vailles		
il vaudrait	il vaille		本書では、 非人称構文 il vaut のみ扱っています
nous vaudrions	nous valions		
vous vaudriez	vous valiez		
ils vaudraient	ils vaillent		
il faudrait	il faille		命令法・現在分詞は ありません
il pleuvrait	il pleuve		命令法はありません

●著者
白川理恵（しらかわ　りえ）
航空会社勤務を経て、上智大学大学院文学研究科フランス文学専攻博士後期課程修了、博士（文学）。
現在、上智大学、城西大学、大妻女子大学ほか非常勤講師。専門は18世紀フランス文学、とくにジャン＝ジャック・ルソーの文学作品における思想と芸術。
共著に『近代フランス小説の誕生』（水声社）、『ルソー論集　ルソーを知る、ルソーから知る』（中央大学出版部）、共訳書に『ブルターニュ古謡集　バルザス・ブレイス』（彩流社）など

●フランス語校正　　セルジュ・ジュンタ
●日本語校正　　　　鷗来堂
●本文デザイン　　　伊藤　悠
●イラスト　　　　　252%
●録音　　　　　　　一般財団法人 英語教育協議会（ELEC）
●ナレーター　　　　レナ・ジュンタ
　　　　　　　　　　ドゥテ・シルヴァン
　　　　　　　　　　水月優希
●編集協力・DTP　　オフィスミィ
●編集担当　　　　　神山紗帆里（ナツメ出版企画株式会社）

本書に関するお問い合わせは、書名・発行日・該当ページを明記の上、下記のいずれかの方法にてお送りください。電話でのお問い合わせはお受けしておりません。
・ナツメ社webサイトの問い合わせフォーム
　https://www.natsume.co.jp/contact
・FAX（03-3291-1305）
・郵送（下記、ナツメ出版企画株式会社宛て）
なお、回答までに日にちをいただく場合があります。正誤のお問い合わせ以外の書籍内容に関する解説・個別の相談は行っておりません。あらかじめご了承ください。

ナツメ社Webサイト
https://www.natsume.co.jp
書籍の最新情報（正誤情報を含む）は
ナツメ社Webサイトをご覧ください。

オールカラー　基礎から学べる
はじめてのフランス語文法

2023年8月3日　初版発行
2024年6月20日　第2刷発行

著　者　白川理恵　　　　　　　　　　　　　©Shirakawa Rie, 2023
発行者　田村正隆

発行所　**株式会社ナツメ社**
　　　　東京都千代田区神田神保町1-52　ナツメ社ビル1F（〒101-0051）
　　　　電話　03（3291）1257（代表）　　FAX　03（3291）5761
　　　　振替　00130-1-58661
制　作　**ナツメ出版企画株式会社**
　　　　東京都千代田区神田神保町1-52　ナツメ社ビル3F（〒101-0051）
　　　　電話　03（3295）3921（代表）
印刷所　**広研印刷株式会社**

ISBN978-4-8163-7427-2　　　　　　　　　　　　　　　　　Printed in Japan
〈定価はカバーに表示してあります〉〈落丁・乱丁本はお取り替えします〉
※本書の一部または全部を著作権法で定められている範囲を超え、ナツメ出版企画株式会社に無断で複写、複製、転載、データファイル化することを禁じます。